HACIA LA
META

CÓMO ESTUDIAR CON ÉXITO
FLOYD C. WOODWORTH

Vida

DEDICADOS A LA EXCELENCIA

HACIA LA META

© 2000 EDITORIAL VIDA
Miami, Florida 33166-4665

Edición: *Nora Domínguez*

Diseño interior: *Jannio Monge*

Diseño de cubierta: *Osvaldo González*

Reservados todos los derechos

ISBN 0-8297-3150-4

Categoría: *Métodos de estudio*

Impreso en Estados Unidos de América
Printed in the United States of America

04 05 ❖ 07 06 05

CONTENIDO

PRÓLOGO

Origen del libro

El autor de este libro de texto para orientación preparó el material originalmente para sus clases en el instituto bíblico de Las Asambleas de Dios de Cuba, y lo sacó a luz bajo el título «Sigue las boyas». Los buenos resultados observados hicieron que pronto otros institutos pidieran permiso para usar el libro.

Con el paso de los años ha habido una creciente demanda, de todas partes de la América Latina, que curso tan útil fuese impreso. Como resultado de esta solicitud, sale a la luz esta edición.

Con el fin de hacerlo tan comprensible en el Altiplano de Bolivia como en la isla donde se originó, tan claro para los institutos del interior como para los costeños, hubo que hacer una revisión, cambiándole algunas figuras retóricas y dándole un nuevo título.

El propósito del curso

El propósito del curso de Orientación es el de ayudar al alumno a adaptarse bien a su nueva vida estudiantil y enseñarle cómo sacar el mayor provecho de sus estudios. Es uno de los cursos más básicos de todo el programa de estudios, porque de las actitudes que forma ahora el alumno depende el rumbo de su carrera estudiantil; de la habilidad que adquiere ahora en su estudio depende en gran parte el éxito que tendrá en las otras asignaturas.

Este curso se escribió originalmente para alumnos residentes en un instituto. Después se han hecho algunas adaptaciones para que sirva igualmente bien para los que estudian en un instituto nocturno o por correspondencia. Puesto que algunos empiezan sus estudios localmente y después continúan en un instituto, no les viene mal el estudiar los capítulos sobre la vida en el plantel. Además, estos contienen ciertos principios básicos para el éxito en la vida cristiana que serán de utilidad para todos.

Variedad de actividades

El profesor debe sentirse libre para variar las actividades indicadas en la Guía para el Estudio. Son sugerencias que pueden variarse según el tipo de escuela que sea, según el nivel académico y la experiencia de los alumnos, y según el tiempo y los materiales disponibles. Por este motivo se incluye la sección «Actividades opcionales».

Sistema de calificación

En el instituto bíblico puede utilizarse el sistema siguiente:

Cumplimiento con las tareas asignadas 30%
Actitud y esfuerzo 10%
Participación diaria en la clase 10%
Pruebas y exámenes 50%

Para el curso por correspondencia se dará treinta por ciento por el cumplimiento de las asignaciones y setenta por ciento por los exámenes.

Tiempo de estudio

En el instituto se supone que por cada hora de clase el alumno debe pasar como mínimo una hora de preparación. Si es de cincuenta minutos la clase, calcule un mínimo de cincuenta minutos de preparación.

En los cursos por correspondencia, además del tiempo regular de preparación, el alumno tendrá otras actividades que tomarán el lugar del tiempo de clase en el instituto. Puede ser que algunas lecciones le lleven varias horas, y otras no tanto.

Duración del curso

En el plan de estudios de muchos institutos se dan dieciséis sesiones de clase a esta materia. Cada sesión es de cincuenta minutos. Sin embargo, para el curso preparatorio, o para alumnos que hayan cursado menos del sexto grado, o su equivalente, es recomendable dar cuando menos el doble de este número, o sea treinta y dos sesiones. El tiempo adicional se emplearía para la práctica a fin de lograr el aumento de velocidad en la lectura, aptitud para hacer trabajos de investigación, tomar apuntes, hacer bosquejos, y enriquecer el vocabulario. Estas son capacidades que el alumno debe adquirir para tener éxito en los estudios subsiguientes. El no tomar tiempo para hacerlo ahora solamente atrasaría todos los estudios en el futuro.

Programa de superación

La publicación de este libro de texto juntamente con su Guía para el Estudio es parte del programa de superación de los institutos bíblicos de las Asambleas de Dios en la América Latina. Por lo tanto, aprovechamos esta

9

oportunidad para saludarle a usted, maestro, con el deseo de que esta humilde obra le sirva de ayuda en sus esfuerzos para mejorar su enseñanza. Que Dios le dé su dirección divina mientras se dedica a la tarea de orientar a los alumnos en su preparación para el ministerio.

Luisa Jeter de Walker
Coordinadora de Institutos
Bíblicos en la América Latina

CAPÍTULO *1*

¿POR QUÉ ESTUDIA?

Pregunta extraña

Quizás le parezca extraño que se le pregunte por qué estudia; pero es sorprendente ver cuántos hay que estudian sin saber por qué. Algunos han pasado muchas dificultades para llegar al instituto: unos han venido a pesar de la oposición de su familia; otros han renunciado a su empleo, comodidades y perspectivas halagüeñas para llegar a este lugar. Pero el hecho de haber vencido obstáculos para venir no les garantiza el éxito; tienen que saber por qué están estudiando. Si no, desperdician el tiempo.

Por eso se le pregunta: ¿Por qué se encuentra en el instituto bíblico? ¿Qué provecho piensa sacar? ¿Qué se propone hacer al salir de este lugar? ¿Cuál es su meta?

La meta

Por supuesto, no sabe exactamente lo que va a hacer hoy o mañana; pero cuando menos debe tener una meta,

11

un blanco, en su vida estudiantil. Dirá que ha venido con el propósito de profundizarse en las cosas del Señor, de conocerlo mejor y servirlo más eficientemente. Si no pierde de vista esta meta, puede hacer que cada hora de estudio, cada experiencia en el instituto bíblico, le lleve un poco más adelante hacia ella. Aun las mismas dificultades le pueden servir de ayuda si no se olvida por qué está estudiando.

¿Qué dificultades?

Debe recordar que el instituto no es un lugar donde pasar unas vacaciones; es un lugar de entrenamiento, prueba y preparación. Por lo tanto, hay que esforzarse para trabajar y vencer las dificultades. Es parte de su preparación.

En el ministerio tendrá que enfrentarse con problemas más grandes y más difíciles aún; lo único que tiene que hacer para convencerse de esto es preguntar a cualquier obrero del Señor que ya lleva tiempo en el ministerio. Le dirá que el ministerio está repleto de dificultades, y que en el instituto puede aprender a enfrentarse con ellas.

Por ejemplo, la nostalgia

Si se siente extraño, si está un poco desorientado, si no se halla, si está pensando en los familiares o en la iglesia que dejó, no se extrañe ni se aflija; la gran mayoría de los estudiantes, cuando llegan por primera vez, se sienten así. Estos estudios en la Orientación tienen precisamente como propósito el ayudarle en estas dificultades. No se desanime, verá que el Señor le ayudará y después de los primeros días todo eso pasará, llegará a sentir que el instituto es su segundo hogar; pregunte a algunos de los alumnos de segundo y tercer años si no es así.

Después de haber obtenido la victoria sobre la nostalgia, estará mejor preparado para ir dondequiera que el Señor le llame en su obra y soportar la separación y la soledad.

La tentación de irse

A veces un estudiante se va del instituto bíblico antes de terminar el curso porque se siente extraño y echa de menos a su familia, o porque ve todo muy difícil. No se da cuenta de que al emprender los estudios y hacer amistad con los compañeros y los maestros, fácilmente puede acostumbrarse a la nueva vida en el instituto. Precipitadamente decide volver a casa en vez de esperar a fin de orar y buscar la voluntad del Señor. Si se le presenta tal tentación, recuerde esto: si el Señor le ha llamando al instituto bíblico, él le ayudará a vencer las dificultades. Es verdad que hay que sufrir algunas cosas; pero también es cierto que el Señor Jesucristo sufrió mucho más por nosotros.

La disciplina

Hay quienes no llegan a la meta porque no pueden adaptarse al ambiente y a la disciplina. Decimos que no pueden; sin embargo, casi siempre es que *no quieren* hacerlo. El ambiente fraternal, los cultos, la oración, la camaradería son muy hermosos; pero algunos no quieren someterse a un horario fijo o a las reglas.

Cuando muchas personas viven juntas en edificios reducidos, es natural que surjan problemas y dificultades. Las reglas sirven de guía para el trato considerado entre todos. Dentro de pocos días las estudiaremos en clase, y verá cómo contribuyen a la armonía y a la buena marcha del plantel.

Si tiene dificultad con el horario o las reglas, recuerde su meta de servir más eficientemente al Señor; como obrero tendrá que practicar una disciplina estricta sobre su propia vida, su tiempo, su manera de tratar a los miembros de su congregación. Dé gracias a Dios, pues, por el entrenamiento que tiene en el instituto para llevar la vida disciplinada.

El cansancio y el sueño

Quizá es usted uno de los millares de alumnos que trabajan todo el día y luego asisten a un instituto nocturno. Llega rendido de cansancio, el sueño le entorpece la mente, tal vez no ha cenado, las clases le parecen interminables. A pesar del sacrificio que está haciendo le parece que va a sacar muy poco provecho.

Al principio es muy natural esta lucha con el cansancio y con el sueño; esto sucede tanto en las clases de las escuelas nocturnas como en las horas de estudio por la noche en el instituto. Pero anímese, puesto que el cuerpo se acostumbrará dentro de poco al nuevo régimen; el interés creciente en los estudios le ayudará a vencer el sueño. No es fácil, pero si centenares de millares de hombres y mujeres trabajan de día y estudian de noche para superarse en lo económico y lo cultural, usted también ha de vencerá las dificultades para llegar a una meta más noble y alcanzar recompensas eternas. Acuda al Señor; él le dará nuevas fuerzas.

Pruebas por correspondencia

O quizá no ha podido venir al instituto, pero con mucho ánimo empezó a estudiar por correspondencia. Para usted también hay ciertas pruebas y dificultades que hay que vencer para llegar a su meta: las principales son el desaliento y la postergación. Habrá dado gracias a Dios por la oportunidad de prepararse de esta manera para servirle mejor; no vaya aplazando de un día para otro la preparación de la lección; no ceda al desaliento si los estudios le parecen demasiado difíciles.

Estudios difíciles

Uno de los propósitos de esta asignatura es ayudarle a formarse buenos hábitos de estudio. Si uno no sabe cómo estudiar, las materias le pueden parecer demasiado difíciles. Es por eso que va a pasar varios días estudiando la mejor manera de estudiar, se van a considerar maneras de fortalecer la memoria, se tratará la mecánica para mejorar la lectura. Tenga la completa seguridad de que estos consejos le servirán de gran ayuda en todos los demás estudios; poniéndolos en práctica aprenderá mucho más en menos horas de estudio. Esta nueva capacidad en el estudio le podrá ser útil para toda la vida, le ayudará a ser mejor obrero del Señor.

Su carácter

Las cosas que se tratan en esta clase tienen que ver con la vida aquí, su propio ser, su personalidad y carácter. Va a estudiar muchas cosas que le ayudarán a aprovechar mejor su estancia en el instituto bíblico; verá con más claridad las oportunidades para ir moldeando su carácter a semejanza del Señor.

Su actitud

En fin, si se fija en las dificultades, en las diferencias de personalidades, en las exigencias de los estudios, en la comida que no es igual a la que tenía en casa, es fácil que se ponga triste o disgustado; pero si recuerda el propósito que le trajo a este lugar, se esforzará para seguir adelante.

Así que, ¡adelante! Acepte los problemas como parte de su preparación, sométase a la disciplina, sea soldado valiente, venza la dificultad con la ayuda del Señor.

Desde ahora hágase el propósito firme de alcanzar la meta; decídase de una vez y para siempre; no importa lo que se le presente, alcanzará su objetivo; va a vencer todos los obstáculos; va a aprovechar toda oportunidad que Dios le da mientras está en este lugar. Con la ayuda del Señor va a sacar el mayor provecho posible de sus estudios. ¡Va hacia la meta, y no se detendrá hasta llegar!

Guía para el estudio

La segunda parte de este libro es una guía para el estudio. En ella tiene usted instrucciones para ayudarle en la preparación para cada clase: hay sugerencias para actividades en la clase, tareas especiales para los que estudian por correspondencia, y actividades opcionales que el maestro puede asignar a su discreción. Busque ahora la parte correspondiente al DÍA UNO en la «Guía para el estudio» y haga lo indicado.

CAPÍTULO 2

¿QUÉ ES LO MÁS IMPORTANTE?

La meta principal

¿Qué asignatura, a su parecer, es la más importante?
¿Cuál es el período más importante del día?
¿Qué cosa debe el estudiante tener sobre todas las cosas?

No sé qué habrá contestado usted a estas preguntas; pero seguramente, después de pensarlo, estará de acuerdo conmigo en decir que lo más importante de la vida de cualquier creyente, al igual que la vida del estudiante bíblico, es mantener una relación íntima con el Señor. Es por eso que el énfasis de la vida en el instituto se ha puesto en las cosas espirituales.

Podemos llegar a adquirir grandes conocimientos, podemos llegar a ser buenos predicadores; pero si no hemos llegado a conocer a Cristo, no hemos hecho nada y no servimos para nada.

A diario hay oportunidades para buscar a Dios, meditar en su Palabra e interceder por las almas perdidas. ¡Qué preciosas son estas oportunidades! Debemos considerarlas los momentos más importantes de todo el día.

Tenemos que recordar lo que nos dijo el Señor Jesucristo: Hay que buscar primeramente el reino de Dios y su justicia. Eso no solamente se refiere al que anda en el pecado, sino también al cristiano. Si usted hace que las cosas espirituales ocupen el primer lugar en su vida durante este curso y los venideros, aprovechará bien el tiempo.

Si sale del instituto sin haber aprobado ninguna asignatura, pero con una nueva visión de Dios y un amor más profundo hacia él, habrá logrado lo más importante, la parte más deseable. Si al contrario, sale con notas muy altas en cada asignatura, pero sin haber llegado a conocer a Dios más íntimamente, habrá fracasado. Acuérdese de esto cuando vengan los exámenes y quehaceres sin fin y cuando tenga la tentación de dejar las cosas espirituales para atender las materiales. Por supuesto, confiamos que el Señor le ayudara a crecer espiritualmente y a aprobar todas las asignaturas también.

La oración

La aspiración más noble y más alta que puede tener es ser un hombre de oración. Hay muchas personas que dicen que saben orar, pero pocas lo hacen. Los ministros predican acerca de la oración; pero hay quienes no llevan a la práctica sus propias exhortaciones; no saben lo que es postrarse delante de Dios en intercesión por los perdidos. Algunos enseñan que los que no puedan hacer otra cosa, los que no tengan ningún talento, son los que deben orar; pero no es así, todos debemos orar primero y después ejercer cualquier otro talento que Dios nos haya dado.

Oportunidades para la oración

En el instituto puede aprovechar todas las disposiciones en el horario para la oración. Por la mañana en la hora de devociones privadas, puede tener comunión íntima con el Señor; quizá va a tener la tentación de hacer otra cosa, pero no permita que el diablo le robe esta bendición.

En los minutos antes de comenzar el culto matutino, puede escoger entre muchas cosas: conversar con sus compañeros, repasar los estudios, hojear un libro, tararear un himno, o sencillamente matar el tiempo; pero mucho mejor es dejar todo eso y aprovechar tales momentos para buscar la dirección del Espíritu Santo para el culto y para su propia vida en el día.

En la oración misionera va a recibir una nueva visión de este mundo y de la urgente tarea que espera a la iglesia del Señor; allí es donde debe aprender a entregarse al Espíritu Santo para ser usado en la intercesión por los perdidos, para romper las cadenas de los esclavizados en el pecado, para ejercer el ministerio de la intercesión entre Dios y los hombres. En este tiempo de oración, Dios podrá enriquecer su vida espiritual enseñándole a batallar contra las potestades del aire.

La intercesión en la oración no es cosa fácil; es donde más el diablo le va a llenar la mente de otras cosas, le va a hacer sentir sueño, le va a tratar de estorbar en todo momento; pero, ¡qué dulce es la victoria ganada por la intercesión!

Otra oportunidad que se le da en el horario para buscar al Señor es por la noche antes de acostarse. ¡Qué bueno es poder terminar el día en comunión con el Señor! Daniel oraba tres veces al día. En el instituto, aunque hay muchas actividades y el tiempo está muy limitado, no podemos hacer menos que orar tres veces al día también. En el período de la noche, como en los otros de oración, algunos se sienten tentados a hacer otra cosa o a acostarse en vez de orar; pero si uno cambia la oración por unos pocos minutos de sueño, está vendiendo lo más precioso que hay a un precio sumamente barato.

Ayuno y oración

A veces uno siente una gran necesidad de tener más tiempo para estar en la presencia de Dios y buscarlo para la solución de un problema o para escudriñar su propio corazón; pero los días están tan ocupados que uno no encuentra los momentos que quisiera tener para ese fin. En tales ocasiones, una buena manera de encontrar el tiempo necesario es dejar de comer para pasar ese tiempo buscando al Señor.

El ayuno es una cosa muy necesaria en la vida del obrero; Pablo dijo varias veces que oraba y ayunaba. La Biblia enseña, sin embargo, que en sí, el dejar de comer no tiene ningún mérito; pero cuando el ayuno va acompañado de un espíritu contrito y humillado delante del Señor, cuando el tiempo que generalmente se pasa en la comida se dedica a la oración, llega a ser una manera preciosa de allegarse a Dios.

No es que queramos maltratar el cuerpo para demostrarle a Dios lo santos que somos; en nosotros no hay ninguna cosa buena, y jamás podríamos merecer su gracia divina. Sin embargo, si tenemos verdadera sed de Dios y de su justicia, muchas veces pondremos a un lado las cosas materiales para buscar más las cosas espirituales.

En el instituto periódicamente se celebran días de ayuno y oración. Todos los años los estudiantes testifican de grandes obras que el Señor realiza en los días de ayuno y oración. Algunos al principio tienen que aprender a ayunar; pero casi sin excepción todos reconocen el gran valor espiritual en la práctica de estas cosas. ¡Ojalá que en su propia vida los días futuros de ayuno y oración le sirvan de mucha ayuda espiritual!

La Palabra de Dios

Si es importante que hable a Dios en la oración, no es menos importante que escuche su voz hablándole al corazón por medio de su Santa Palabra; por lo tanto, nunca debe tener la predicación como una cosa común en los cultos diarios. Dios tiene algo que quiere decirle a través del predicador. Escúchelo.

Puede ser que al usar la Biblia como libro de texto y escribir exámenes sobre su contenido sienta la tendencia a considerarla como cualquier otro libro. Nunca pierda la reverencia y la admiración por la Palabra escrita de Dios. Aparte de ser el libro principal de texto, es el mensaje de Dios para el hombre, todo lo que contiene está allí porque Dios lo ha querido. Sacaremos mucho más beneficio espiritual si consideramos siempre la Biblia como inspirada por Dios, y las clases llegarán a ser mucho más interesantes y provechosas.

El culto devocional

El culto matutino es probablemente uno de los períodos más importantes del día. También puede llegar a ser un período perdido si permite que la mente vague pensando en otras cosas en lugar de buscar al Señor. Pero debe olvidarse de los estudios, los exámenes, los otros problemas, y los compañeros para buscar a Dios y adorarlo en espíritu y en verdad.

A veces el Espíritu de Dios conmueve a todos de tal manera que se quedan todo el día en la capilla para ser instruidos por el Gran Maestro en vez de ir a las respectivas clases. Otras veces, aunque no se vea nada fuera de lo acostumbrado, Dios habla por medio de un mensaje a un corazón en particular y lo ayuda en una gran dificultad o duda. Muchos han sido los testimonios de personas que fueron al culto matutino con un corazón cargado de pesares y desaliento, y aunque no se veía nada extraordinario ese día, Dios les tocó el alma y salieron con nuevo aliento y deseo de servir al Señor.

Su actitud en el culto

Algunas veces el estudiante llega a pensar que los que predican en el culto matutino están escogidos para practicar la homilética y adquirir experiencia; cree que se debe analizar y criticar el mensaje. Pero nunca debe pensar en esta forma, no se debe confundir una clase de homilética con el culto de adoración. El culto matutino es para recibir cosas nuevas de Dios y alimentarse de él; tenga presente que el estudiante más tímido e inexperto que esté predicando es el siervo de Dios escogido para la ocasión. Debe orar que el Señor lo use para suplir la necesidad espiritual de cada corazón.

Ahora bien, hay que tener mucho cuidado con la actitud con que uno va al culto. Muchas personas asisten a los cultos en una iglesia por costumbre, o para ver a otros, o porque se ha anunciado que un gran predicador va a estar presente. Y puede ser que el estudiante bíblico vaya al culto matutino solamente por costumbre u obligación, pero no con el deseo de recibir algo del Señor.

¡Ojalá que nunca sea así con usted! Vaya al culto cada día con una gran esperanza en su corazón de que Dios haga algo especial, de que él le hable, de que le dé un nuevo toque de su Espíritu. Si cada estudiante y cada maestro hace esto para preparar su corazón antes de empezar el culto, Dios hará grandes cosas en el curso que está empezando.

CAPÍTULO 3

¿POR QUÉ TANTAS REGLAS?

Una escuela sin reglas

Imagínese cómo sería vivir en un plantel con cien compañeros sin tener ninguna regla ni norma de conducta para su orientación. Sería un manicomio. Algunos se levantarían con el sol, mientras que a otros «se les pegaría la sabana» hasta el medio día; algunos trabajarían siempre, y otros no trabajarían nunca; a la hora que algunos quisieran estar en clases, otros estarían por la calle o en otras actividades; algunos se acostarían a las ocho de la noche, pero otros en el mismo cuarto tendrían las luces encendidas y estarían charlando y riéndose hasta las dos de la madrugada. No habría hora fija para las comidas, ni siquiera seguridad de que las habría, puesto que nadie tendría la obligación de cocinar, servir, fregar, o hacer la limpieza. Todos estarían en libertad para hacer solamente lo que quisieran y a la hora que se les antojara hacerlo.

Acuerdos deseados

Con tal libertad, la vida se haría insoportable y todos pronto desearían alguna disciplina, algunas reglas, para sacar orden del caos y hacer posible una vida armoniosa y feliz en el plantel. La única manera de solucionar el problema de tal lugar sería llegar a un acuerdo común en cuanto a lo que se podría y lo que no se podría hacer. Reconociendo que sería imposible arreglarlo a gusto de todos, cada uno tendría que ceder en algunos puntos, renunciando a sus preferencias particulares para poder establecer una norma intermedia que sería para el mayor beneficio de todos.

Tendrían que comer todos a la misma hora para simplificar el trabajo de cocina, comedor y limpieza. Tendrían que levantarse y acostarse todos a la misma hora, para que nadie estorbara el descanso del otro.

Si le encargaran a usted el trabajo de organizar la vida del plantel, ¿qué reglas pondría? ¿Cuál sería el horario del día? ¿Cómo podrían vivir todos en armonía?

El porqué de nuestras reglas

Ha llegado el momento para que en la clase se lean y analicen todas las reglas del instituto. Medite en cada una, procure ver el porqué de ella, si no entiende por qué está en vigencia, no tenga temor de preguntarlo en la clase. Hay que entender cada aspecto y fase de cada regla para no incurrir en faltas algún día por pasar por alto la norma de conducta.

Sobre todo, tenga presente que las reglas, el horario, y todo lo que compone la disciplina del plantel no se hace con el propósito de castigar a uno, sino de hacer la base para formar un carácter estable, templado y fuerte. Un buen carácter cristiano no se forma accidentalmente, a través de toda la Biblia se ve que el hijo de Dios tiene que aprender a disciplinarse: hay que dominar el yo en todo momento. Uno no nace con esa facilidad, se aprende con mucho trabajo y esfuerzo. El sistema de disciplina del plantel es inapreciable para eso.

Si en alguna ocasión alguien le llama la atención sobre un punto en que está faltando, tenga presente que lo hace para ayudarle. En vez de disgustarse o dar disculpas, acepte el buen consejo; recuerde que las reglas son como postes indicadores señalándole el rumbo hacia la meta deseada en su vida estudiantil.

CAPÍTULO 4

¿CÓMO TRATA A SUS COMPAÑEROS?

La Regla de Oro

En la lección anterior estudió las reglas y su importancia. Hay otra regla más, tan importante que se llama la «Regla de Oro». ¿La conoce? Se encuentra en Mateo 7:12: «Así que, todas las cosas que queráis que los hombres hagan con vosotros, así también haced vosotros con ellos; porque esto es la ley y los profetas.»

Autoexamen

Ahora vamos a hacer un pequeño examen para ver si está cumpliendo bien con esta regla o no. Conteste las preguntas que a continuación se dan con «sí» o «no».

1. ¿Saludo a mis compañeros cortés y cariñosamente?
2. ¿Hago un esfuerzo para que mis compañeros tímidos tengan una parte en la conversación?
3. ¿Permito que otros me cuenten sus problemas y victorias en vez de yo siempre contar los míos a los demás?

4. ¿Acostumbro hablar en voz moderada en mis conversaciones?

5. ¿Me dirijo siempre con respeto a mis maestros y superiores?

6. ¿Digo «con permiso» cuando la situación lo demanda?

7. ¿Procuro cooperar con mis compañeros de cuarto para mantener el aseo del mismo?

8. ¿Me detengo para dejar a otros pasar primero cuando hay que atravesar una puerta?

9. ¿Como con la boca cerrada?

10. ¿Como con tranquilidad y calma?

11. ¿Me preocupo porque mis compañeros en la mesa estén servidos en vez de ponerme a comer y dejar que los otros hagan lo que puedan?

12. ¿Evito hacer ruido innecesario?

13. ¿Pido permiso para usar algo que pertenece a otra persona?

14. ¿Devuelvo en seguida y en buenas condiciones las cosas que se me han prestado?

15. ¿Reembolso al dueño el valor de un artículo que rompo?

16. ¿Evito hacer ruido, movimiento innecesario, o molestar de otra manera a los demás en las horas de estudio y de silencio?

17. ¿Llevo mis propios efectos escolares, tales como: lápiz, libros, etcétera, al lugar de estudio en vez de molestar a mis compañeros, pidiéndoles que me presten dichos efectos?

18. ¿Procuro no estorbar si veo que uno está orando?

19. ¿Estoy listo para empezar la clase tan pronto toca la campana para que no se desperdicie el tiempo?

20. ¿Presto atención en la clase a todo lo que se trata?

21. ¿Pido permiso para hacer uso de la palabra en la clase?

22. ¿Tengo cuidado de no interrumpir al que está hablando?

23. ¿Estoy tan dispuesto a escuchar como a hablar?

24. ¿Busco la manera de cooperar para mantener los edificios y patios limpios en todo momento?

Si puede contestar sí a estas preguntas, no le va a ser difícil llevarse bien con los demás. Si tuvo que decir no en algunos casos, estos mismos puntos pueden ocasionarle problemas algún día en el trato con sus compañeros.

El arte de llevarse bien con otros

El ministro tiene que trabajar con la naturaleza humana en todo momento; el instituto bíblico es un lugar sin igual para aprender este arte. Tendrá oportunidades para desarrollar la comprensión y la consideración necesarias para llevarse bien con otros. Estas cualidades son esenciales para el éxito de un pastor.

En el instituto se hallan jóvenes de distintas clases sociales: Algunos vienen del campo, otros del pueblo; algunos son pobres, otros han disfrutado de buenos recursos; algunos vienen de familias grandes, otros son el hijo único de la familia. Algunos se criaron en hogares cristianos, otros no tienen ningún pariente convertido; algunos llevan muchos años en el Señor, otros son nuevos en las cosas de Dios. Algunos han tenido la oportunidad de asistir a una escuela superior, otros no; algunos conversan mucho, otros son callados. Con algunos nos llevamos bien desde el primer día; pero no podemos decir eso de otros.

La idea de la Regla de Oro es que uno tiene consideración de los demás y respeta sus derechos. Esta consideración es una característica loable e imprescindible para el siervo de Dios. Es la base y corazón de lo que se llama urbanidad.

La base de la urbanidad

Por ejemplo, la urbanidad dice que no debemos entrar en un cuarto o casa particular sin llamar primero; eso es porque debemos tener consideración para el individuo y respetar sus derechos de vivir privadamente en su propia casa. La urbanidad nos enseña que no debemos hacer ruido en la mesa cuando estamos comiendo; otra vez la regla es para considerar a los demás y no causarles disgusto.

La urbanidad dice que hay que respetar lo ajeno. Muchos problemas surgen entre los estudiantes porque algunos no saben cumplir respecto a esto; tienen la idea de que todos son una familia y que, por lo tanto, uno puede tomar prestada cualquier cosa que se le antoje, no importa de quién sea. Tal práctica demuestra falta de consideración y de educación. El caballero, antes de usar lo que pertenece a otro, siempre pide permiso al dueño, porque así quiere que lo traten los demás. Y si rompe el artículo, siempre reembolsa al dueño el valor del mismo porque eso es lo que quisiera que hagan con él.

Lo que es un ministro

La cortesía verdadera incluye un interés genuino y sincero en los demás. El que solamente se interesa en su propia persona y se dedica a adelantar sus propios intereses, no debe ser ministro. La palabra «ministro» significa siervo. Un siervo busca la manera de ayudar a los demás; lleva una vida de abnegación, porque sinceramente ama al prójimo, y siente los problemas de este como si fueran sus propios problemas.

Asperezas de carácter quitadas

Cuando uno vive con otros es natural que se produzcan a veces roces y situaciones no muy agradables. Esas cosas de la vida las podríamos comparar con lo que les pasa a las piedras en un arroyo: la corriente del agua va arrastrándolas, haciéndolas chocar unas contra otras; van rozando con las lajas del fondo; reciben golpes sin número. En todo este proceso, ¿qué es lo que va pasando? Las puntas y las asperezas van desapareciendo; con el tiempo las piedras se ponen esmeriladas, lisas.

Cuando David quería matar al gigante necesitaba algunas piedras. ¿Qué clase de piedras escogió? ¿Piedras puntiagudas de la tierra seca? Todo lo contrario. El joven fue al arroyo a buscar piedras que habían recibido muchos golpes, que se habían rozado con sus compañeras, que habían sufrido con la fuerte corriente del agua. Para que la piedra llegara al blanco sin desviarse, tenía que ser lisa. Por muy buena que fuera la puntería del guerrero, por muy fuerte que fuera la honda, no mataría al gigante si la piedra se desviaba.

El Hijo de David, nuestro Salvador y Jefe, también necesita, en su lucha contra el enemigo, piedras lisas, pulidas piedras que obedezcan la dirección e impulso de la mano divina. En el instituto, con el roce diario, con la tensión de los problemas cotidianos, va a tener una oportunidad maravillosa de llegar a ser una piedra lisa. Y así en los momentos críticos de una batalla, el Caudillo le podrá usar para derrotar al enemigo.

CAPÍTULO 5

¿QUIÉNES SON SUS MAESTROS?

Temor a los maestros

¿Por qué será que algunas veces el estudiante mira al maestro con temor? No se siente con libertad para conversar con él, hacerle preguntas sobre una tarea o pedir una explicación sobre un punto tratado en la clase.

Probablemente será por dos cosas: una, no se da cuenta de que el maestro está en el instituto porque quiere ayudar al alumno. Cualquiera de sus profesores indudablemente podría vivir más cómodamente y ganar más dinero en otro lugar, sea en un pastorado o ejerciendo otra vocación. Si no estuviera en el instituto con el propósito de ayudar a la juventud en la preparación para el ministerio, no haría tantos sacrificios para seguir enseñando año tras año. Recuerde que Dios ha llamado a sus maestros para que le ayuden y ellos quieren ser fieles al llamado.

La segunda razón por la cual el estudiante no tiene mucha confianza con algunos de sus profesores es por no conocerlos bien. Descubrirá en su vida que cuanto mejor conoce a una persona, más cariño le toma; cuanto más sabe de sus luchas y problemas, tanto más lo comprende.

Conozca a sus maestros

Busque la manera, por lo tanto, de conocer bien a sus maestros. Aprenda algo de sus vidas, de la preparación que han tenido; procure entablar conversación con ellos; no tenga temor de formularles preguntas. En más de una ocasión después de terminar una asignatura se ha oído a un estudiante decir: «¡Ay! Si solamente le hubiera preguntado sobre eso al principio, no hubiera tenido tanta dificultad.»

Plan de consejeros

Para ayudar al alumno a tener la oportunidad de hablar con un maestro, tenemos un plan de consejeros. Al principio de cada año se le asigna un grupo de alumnos a cada profesor para que este le sirva de consejero durante el año. El consejero busca la manera de serle un hermano mayor: trata de ayudar al estudiante en sus problemas, a veces le ayuda a descubrir el origen del problema para después buscar la solución, ora con él por sus necesidades.

Dentro de poco tendrá una entrevista con su consejero. Cualquier problema, pregunta o dificultad que tenga deben tratarlo entre los dos. ¡Es un alivio tan grande el solo contarle a una persona de confianza sus problemas! Esta es una magnífica manera de establecer relaciones amigables con su consejero y de conseguir la ayuda de una persona de capacidad.

Proceda hoy

No espere hasta el último año para hacerse amigo de todos sus profesores, empiece desde hoy. Verá que ellos le serán buenos amigos. Sus enseñanzas, consejos y ejemplos le serán de gran valor durante su vida estudiantil y en su ministerio futuro.

CAPÍTULO 6

¿QUÉ VA A ESTUDIAR?

Probablemente tiene mucho interés en saber exactamente lo que va a estudiar en el instituto bíblico. Claro que sabe que va a estudiar la Biblia; pero necesita una idea más clara del programa de estudios para comprender la importancia de cada asignatura y la relación que tienen unas con otras en su preparación para el ministerio.

Estudios bíblicos

En el transcurso de sus años en el instituto, tendrá el privilegio de estudiar la Biblia entera, libro por libro.

También estudiará los grandes temas de la Biblia tales como Dios, Cristo, el Espíritu Santo, el pecado, la salvación, la iglesia, la vida futura y cosas por el estilo. Estos estudios sistemáticos de ciertos temas en toda la Biblia se llaman estudios doctrinales o teológicos.

El estudio bíblico, pues, será por libros y por temas o doctrinas.

Estudios ministeriales

Entre los estudios ministeriales relacionados con el trabajo que tendrá que hacer en el ministerio están los estudios de la teología pastoral, la homilética y la evangelización personal. Estudiará los problemas reales de un obrero en su pastorado, la preparación y predicación de sus mensajes, y su trato con las personas que necesitan a Dios.

Un departamento importante de la iglesia es la Escuela Dominical. En su primer año recibirá clases que le ayudaran en la organización de la Escuela Dominical. Estudiara también el arte de enseñar.

Como la música tiene un papel importante en el desarrollo de los cultos, se darán clases de teoría de la música. La aplicación de la teoría se verá en clases de piano y otros instrumentos y en los ensayos del coro.

Estudios académicos

Se dedica mucho tiempo a la enseñanza del idioma nacional y la composición, porque el ministro tiene que usar palabras; una gran parte de su ministerio depende de su capacidad de expresarse bien. Aunque estas clases no tengan la inspiración de las demás, no es difícil ver el gran valor que tienen en el proceso de forjar buenos obreros.

Los que estudian el año de preparatoria, tendrán la oportunidad de prepararse en las materias de historia, geografía, aritmética, y español hasta el nivel de sexto grado. Un conocimiento de todas estas asignaturas es de gran valor para un ministerio evangélico: Tiene que ser estudiante de la historia para adquirir una comprensión de la naturaleza humana y sus problemas; para poder entender e interpretar los acontecimientos mundiales, tiene que conocer la geografía; es evidente la necesidad de saber la aritmética porque el pastor continuamente tiene que estar en la administración de las finanzas de la iglesia, tiene que usarla cada vez que se pone a construir un edificio, le hace falta hasta para la administración de su propio hogar.

La práctica

Pero los estudios no se limitan a la teoría, se le darán muchas oportunidades para llevar a la práctica lo aprendido en clase. El programa de evangelización del instituto bíblico le permite llevar a las almas necesitadas las verdades bíblicas que va aprendiendo. Estudie cómo enseñar y salga a enseñar en las Escuelas Dominicales cada fin de semana. Va a ir aprendiendo por la teoría y por la práctica.

Sin embargo, no debe mirar su trabajo en los sitios de predicación del instituto como un mero ensayo; está empezando ahora su ministerio, el bienestar eterno de las almas en su campo depende de usted. Llévelas en el corazón, estudie los libros, estudie también el campo suyo y las necesidades de las personas que viven en él, ore por ellas. Procure crecer tanto en su ministerio práctico como en la parte teórica.

Su actitud hacia los estudios

En fin, muchos son los estudios y los temas tratados. Todos tienen una relación íntima con la vida y obra de un ministro. Desde ahora y hasta que termine sus estudios estará tratando cosas que le pueden ser de un valor inestimable; pero las aprenderá solamente según las lleve a la práctica. Busque, pues, toda oportunidad para hacer uso de lo estudiado; aplíquelo primero a su propia vida antes de enseñarlo a otros.

No mire las tareas como una carga pesada, no se impaciente con el tiempo que le lleva la preparación de la clase. Recuerde que cada tarea se le da para su crecimiento intelectual y ministerial, cada clase bien aprovechada le lleva un poco más adelante en el camino, cada asignatura le acerca un poco más a la meta. Contribuyen a la formación de su carácter y de su ministerio para que su vida sea útil en las manos de Dios.

CAPÍTULO 7

¿TIENE MIEDO A LOS EXÁMENES?

El miedo general

¿Cuál es la primera cosa que pasa por su mente cuando se menciona la palabra EXAMEN? Esa palabra no tiene nada de bonito para muchos estudiantes. Más bien, les llena el corazón de preocupación y temor.

Pero deténgase un momento. ¿Serán de veras los exámenes un mal insoportable? ¿No tendrán algún beneficio para el estudiante? Si no, deberíamos acabar con todo examen y librarnos de un trabajo innecesario para todos.

¿Por qué hay exámenes?

Vamos a analizar algunas razones a favor de los exámenes para ver si merecen un lugar en el programa de estudios de nuestro instituto.

Los que hallan valor en los exámenes nos recuerdan que son de utilidad al alumno para ver lo que realmente ha aprendido y lo que todavía le falta por dominar de la materia. Al recibir el examen corregido, podrá concentrar la atención en las partes que no hizo bien, y así se dará cuenta de las cosas que tiene que estudiar con más diligencia.

El examen es una ayuda para el maestro también, puesto que le indica lo que no ha logrado enseñar. Hay casos en que el maestro cree haber aclarado bien una cosa; pero el resultado del examen hace ver que los alumnos no han entendido; si no se hace un examen antes de terminar la asignatura, pudiera ser que esa parte de la materia no se llegaría a aclarar nunca. Bien ha dicho alguien que el examen no es para probar al alumno, sino más bien para probar al maestro.

Otro valor que tiene el examen es que sirve como un repaso de la materia, lo cual es un factor muy importante en el aprendizaje. No basta aprender una cosa una sola vez; no la recordará por mucho tiempo si después de aprenderla no le da un repaso de vez en cuando. El examen, pues, provee una manera eficaz de volver a tocar la materia que ya estudió.

La cuarta manera en la cual el examen ayuda a aprender es que la impresión de perder puntos por algo que no está bien hecho hace que se grabe más profundamente en la memoria el asunto. Un día se oyó a un alumno decir: ¡Los exámenes que no apruebo me sirven de más utilidad que los que apruebo! Dicho estudiante se refería a esto mismo: que hay algo que advierte a la mente que tiene que despertarse cuando se han perdido puntos en un examen.

¿Cuáles son las desventajas?

Si se dice que el alumno se pone excesivamente nervioso cuando sabe que hay un examen, se está revelando una deficiencia del carácter de tal estudiante. Con esas palabras está diciendo que todavía no ha aprendido a enfrentarse con los rigores de la vida. Hay pruebas mucho más grandes y difíciles que un mero ejercicio en la clase; si nos ponemos muy nerviosos cada vez que surge cualquier cosa en la vida, dentro de poco tendremos los nervios «destrozados». La verdad es que la nerviosidad en extremo ante una dificultad cualquiera indica claramente que la persona no permite que la paz de Dios gobierne en su corazón en todo momento. Recordemos que el vencer el miedo al examen nos preparara para hacer frente con éxito a otras pruebas de la vida.

¿Cuáles, pues, serán las desventajas de los exámenes? Con sinceridad hemos buscado alguna desventaja; pero no hemos encontrado ni una sola razón válida que fortalezca el argumento de que no se deben hacer exámenes a los estudiantes de un instituto bíblico.

Cómo prepararse para un examen

Mucho del miedo a los exámenes es porque el alumno no sabe si está preparado o no para contestar las preguntas que le tocarán en el examen. Claro que para salir bien en cualquier examen, hay que prepararse bien. ¿Cómo, pues, podrá prepararse de la mejor manera en un mínimo de tiempo?

Si sigue las cuatro reglas que se dan a continuación, no tiene que tener miedo nunca a ningún examen.

Para estar bien preparado, el primer paso es preparar las tareas diarias concienzudamente desde la primera lección. La tendencia natural es de dejar la preparación para el último momento; entonces, el alumno está estudiando la noche anterior al examen hasta la madrugada. Después se pregunta por qué está tan nervioso, y habla del miedo que le tiene al examen. Como el propósito de las tareas y deberes diarios es el de ayudar a dominar la materia, si los hace con toda diligencia y puntualidad se habrá preparado bastante para el examen.

La segunda manera en que se puede preparar bien para el examen es concentrarse en la clase. Hay que prestar atención, no se puede permitir que otras cosas le distraigan.

La tercera cosa es la preparación especial para el examen que se hace por medio de repasos sistemáticos. Tales repasos no tienen que ser largos, el mayor requisito es que se hagan con frecuencia. Quizás en un repaso se limitará a una parte de la asignatura, y en el repaso siguiente trabajará con otra sección de la materia; pero si hace los repasos sistemáticamente, aunque no ocupe mucho tiempo en eso, verá que al llegar el día del examen tendrá ya la materia bastante dominada.

Este asunto de repasos sistemáticos incluye un repaso final de los puntos principales antes del examen, pero no hasta agotarse físicamente. El que espera hasta la noche anterior al examen para prepararse no puede tener la esperanza de aprender bien la materia; muchas veces lo que tal práctica hace es crear confusión. Cuando se pasa la mayor parte de la noche en el estudio, se lleva a la clase un cansancio y un sueño que «acaban» con uno; mucho mejor es ir al examen con la mente activa y alerta, y con toda confianza, sabiendo que se ha venido bien preparado.

La cuarta manera de prepararse para el examen es llevar todo el asunto a Dios en oración, pidiéndole que él le ayude a recordar lo que ha estudiado, confiando que él le ayudará, y dándole gracias por esta oportunidad de reforzar su aprendizaje por medio del examen.

Cómo rendir el examen

Ahora, surge la pregunta: ¿cómo se debe proceder en la hora del examen? Al ver el examen delante, algunos inmediatamente se ponen a escribir la respuesta de la primera pregunta; eso, sin embargo, es un error muy grande. Para aprovechar todo el tiempo permitido para el examen, hay que seguir los pasos siguientes:

1. Dar un vistazo a todo el examen antes de empezar a contestarlo. ESTO ES IMPORTANTE. Así puede formarse una idea de las partes más difíciles del examen, y así se le da un aviso a la mente de todo lo que pide el examen, para que vaya «buscando en la memoria» la solución de los problemas mientras usted va escribiendo otro asunto.

Otro valor de mirar todo el examen antes de empezar es la ayuda que da eso para decidir qué parte del tiempo total se puede repartir a cada sección del examen. Hay que tener presente que las partes más difíciles van a requerir más tiempo; aprenda a no detenerse por largo rato en detalles secundarios.

2. Después de leer el examen en su totalidad, puede empezar contestando las partes más fáciles. No hay pecado alguno en saltar las preguntas difíciles, por el momento, para ir contestando las preguntas que ya sabe bien. De esta manera no pierde puntos por no haber llegado dentro del plazo señalado a algunas preguntas cuyas respuestas sabía bien. Eso de contestar antes que nada todas las preguntas que sabe bien, tiene otro propósito: a veces el contestar una pregunta nos trae a la mente otra cosa que no podíamos recordar al principio.

3. Después de contestar las preguntas fáciles, puede retroceder para trabajar con las cosas más difíciles. Tenga presente el tiempo señalado para el examen, y no se demore en ninguna pregunta hasta no haber procurado contestar todas. Si quedan algunos minutos después de haber luchado con todas las preguntas, puede seguir con las que quedan por contestar.

4. Hay que reservar los últimos minutos de la hora para revisar el examen antes de entregarlo al profesor. Tenga la paciencia y calma para leerlo todo; pudiera ser que no ha leído bien una pregunta, y al volverla a leer se dará cuenta del error; pudiera ser que en el apuro haya pasado por alto alguna pregunta. Bien vale la pena acostumbrarse a observar esta cuarta regla.

Dos tipos de exámenes

Hoy día los exámenes caen por lo general en dos categorías: el tipo de explicación, o ensayo, y el tipo objetivo o, como algunos dicen, el «test».

Mucho se está discutiendo entre los pedagogos sobre el valor de los dos tipos de exámenes. Algunos abogan por una clase y otros por la otra. Pero a fin de cuenta, podemos decir que ambas clases de exámenes tienen sus ventajas y desventajas. Por lo tanto, debe familiarizarse con las dos.

El examen de ensayo

En el examen de explicación, o ensayo, se le da al alumno un tema o una pregunta general para que diga todo lo que sabe sobre un asunto de la materia. Preguntas de este tipo dan al alumno práctica en expresar sus opiniones en forma clara; son buena práctica para el ministerio; le enseñan a razonar.

Ejemplos de esta clase de preguntas se dan a continuación:

1. ¿Por qué perseguía Saulo a los cristianos?
2. Demuestre la superioridad del evangelio sobre la ley según la epístola a los Hebreos.
3. Dé las características principales de la poesía hebrea.

En esta clase de examen la respuesta varía mucho entre un alumno y otro, dependiendo de la habilidad del alumno de expresarse y de su propio estilo de hablar: si es con muchas palabras o con pocas.

Si hay varias preguntas en el examen de tipo ensayo, uno tiene que tener cuidado especial de distribuir bien su tiempo. No debe pasar tanto tiempo en las primeras preguntas que no le alcance la hora para las finales.

Por lo general uno debe «ir al grano», procurar incluir todos los puntos principales pero en forma breve. Si quiere, puede dejar espacio antes de empezar la pregunta siguiente y, después de terminarlas todas, volver para abundar sobre alguna si alcanza el tiempo.

Uno de los problemas principales del examen de este tipo es que no hay tiempo para tocar todos los puntos estudiados. Puede ser que uno saque una nota alta en el examen si le tocan por casualidad las partes que sabe bien, cuando hay otras partes que desconoce completamente. O puede ser que salga desaprobado por no poder contestar bien las preguntas que le tocaron cuando podría haberlo hecho perfectamente bien en otras que no salieron en el examen.

El examen objetivo

El examen de tipo objetivo es diferente en que cada pregunta pide un solo dato, una sola cosa; no da lugar al examinado a expresarse a su propia manera; se limita a examinar de una forma objetiva muchos detalles sobre los asuntos estudiados. De por sí, tal examen es una prueba de la habilidad del alumno de razonar.

Con cada respuesta corta, el alumno tiene tiempo para contestar mayor número de preguntas; se le da una oportunidad para probar lo que sabe, y la nota no depende

49

tanto de la casualidad. La mayoría de los alumnos prefiere esta clase de examen.

Veamos ahora algunos ejemplos del examen de tipo objetivo, o sea, el «test», ya que muchos maestros emplean esta forma para examinar. Consideraremos cuatro ejemplos:

1. *Verdadero o falso*
   El secreto de esta forma de examen objetivo es recordar que no se hace pregunta alguna aquí, sino más bien una afirmación; hay que decidir si lo que se afirma es completamente cierto o no. Esta manera de tener que razonar se parece mucho a la vida diaria en que muchas veces leemos y oímos cosas que la gente dice que son verídicas; tenemos que analizar cada cosa a ver si será cierta o no. Muchas sectas falsas dicen cosas que contienen un poco de la verdad; pero con cambiar una parte convierten la cosa en una falsedad que engaña a cualquiera. Por lo tanto, vale la pena adquirir habilidad en este tipo de examen.

Mire a ver si puede analizar bien las siguientes afirmaciones para saber si lo que expresan es cierto o no. Ponga una «V» si la declaración es verdadera, o correcta, y «F» si es falsa. Ejemplo:

_(V)_ 1. José, hijo de Jacob, llegó a ser oficial del reino egipcio.
_____ 2. José se casó con una mujer de su propia raza.
_____ 3. Juan el Bautista fue el que escribió el Evangelio según San Juan.
_____ 4. Jesús no empezó su ministerio público hasta los treinta años de edad.

_____ 5. Como Cristo quería enseñar a los discípulos la santidad, él vivió completamente apartado de los pecadores.

2. *Buscar la pareja, o respuesta que concuerda*
En esta clase de examen, el problema es diferente. Se presentan dos distintas columnas: en una hay una lista de personas o cosas, y en la otra columna hay una serie de frases que las identifican; pero que no vienen en el mismo orden de la primera columna. El problema es hacer concordar las frases, o sea, decidir cuál frase identifica cada cosa de la primera columna. A continuación damos algunos ejemplos. Coloque a la izquierda del número la letra de la frase que mejor complete la oración. Para 1. Adán, corresponde «C», puesto que dice: «Comenzó a vivir sin pecado alguno.»

Personajes	*Frases que los identifican*
_(C)_ 1. Adán	a. Mató a su hermano.
_____ 2. Simón	b. Lo vendieron sus hermanos.
_____ 3. Caín	c. Comenzó a vivir sin pecado alguno.
_____ 4. Zacarías	d. Nombre de un discípulo del Señor antes de que Cristo lo cambiara.
_____ 5. Noé	e. Padre de la nación de Israel.
_____ 6. José	f. Padre de Juan Bautista.
_____ 7. Abraham	g. El discípulo más joven del Señor.
_____ 8. Herodes	h. Un odiado cobrador de impuestos.
_____ 9. Juan	i. Construyó un arca conforme el mandamiento de Dios.
_____ 10. Zaqueo	j. Rey malvado que mandó matar a todo niño varón

3. *Llenar el espacio blanco para completar la frase. Frases complementarias.*

Esta clase de examen apenas necesita alguna explicación. Sencillamente se escribe la palabra o frase que haga falta para terminar la oración. Ejemplos:

1. José, el hijo de Jacob, se casó en la tierra de (Egipto).

2. La esposa de José, hijo de Jacob, se llamaba _____.

3. Cristo pasó días en el desierto después de su bautismo _____.

4. En el primer siglo, un mesón era una clase de _____.

5. Un pesebre sirve para _____.

6. Se cree que el Evangelio según Mateo fue dirigido al pueblo _____.

7. Se cree que el Evangelio según Marcos fue dirigido al pueblo _____.

8. El pueblo de Belén queda en la provincia de _____.

9. Antes de seguir al Señor, Mateo era un _____.

4. *Seleccionar entre varias respuestas.*
Frases de selección única.

En esta clase de examen, se dan varias respuestas a una pregunta para que el estudiante escoja la que MEJOR conteste la pregunta o complete la frase. Decimos MEJOR porque a veces hay otra respuesta que serviría; pero no cae tan bien como la otra. Un examen de este tipo sale todos los meses en la revista *Selecciones del Reader s Digest* en la sección titulada «Enriquezca su vocabulario». Cuando uno encuentra la respuesta más adecuada, pone a la izquierda del número de la pregunta la letra que corresponde a la respuesta escogida. Por ejemplo:

_(c)_ 1. ¿Cuántos hermanos varones tenía José (hijo de Jacob)?
    (a) doce
    (b) muchos
    (c) once
    (d) nueve
    (e) pocos

_____ 2. Jacob dio evidencia de su cariño hacia José obsequiándole con:
    (a) dos talentos de plata
    (b) una muda de ropas costosas
    (c) una casa muy bonita
    (d) un abrigo de muchos colores
    (e) una prenda de ropa

_____ 3. En la parábola del hijo pródigo lo que más indica la miseria y desesperación del hijo perdido es:
    (a) el hambre que tenía
    (b) la ropa vieja
    (c) que había tenido que trabajar

(d) el deseo de ir a su casa
(e) el hecho de que un judío tuviera que cuidar puercos

_____ 4. ¿Por qué se cree que Lucas dirigió su evangelio a los griegos?
   (a) porque omite las porciones que son claramente judías y no dice nada acerca de las profecías del Antiguo Testamento.
   (b) porque es un libro muy largo y se sabe que eso les gustaba mucho a los griegos.
   (c) porque lo enseñan los comentaristas.
   (d) porque el mismo Lucas lo dice en su libro.
   (e) porque no hay ninguna otra idea opuesta a eso.

Cualquier dificultad que haya tenido en estos ejemplos típicos de un «test» debe llevarla a la clase para aclarar la cosa. A la mayoría de los estudiantes les gusta esta clase de examen.

Las notas

En realidad no es tanto el examen lo que uno teme como la nota, o la calificación que puede sacar en él. ¿Qué actitud debe tener hacia las notas en los exámenes o en las tareas? ¿Qué importancia tienen?

Son como la medida marcada en el termómetro para indicar los grados de temperatura del paciente. No son para castigar ni para premiar, son sencillamente para indicar la condición para que se tomen los pasos necesarios. Así las notas son indicadores del aprendizaje. El copiar para sacar una nota alta sería tan loco como alterar los números en el termómetro para disimular la fiebre que uno tiene. Solamente el paciente, o el alumno, saldría defraudado.

Aunque es imposible darle una medida exacta de lo que ha asimilado, las notas en los exámenes y en las tareas tienen un mensaje para usted. Pueden decirle: «Va bien, le felicito.» «Cuidado, tiene que apurarse.» «Magnífico.» «Puede hacerlo mejor.»

Si le parece que el maestro se equivocó en la calificación, llévele el papel y pregúntele respetuosamente al respecto. Ningún hombre es infalible. Puede haberse equivocado, o puede ser que usted no haya comprendido bien la corrección y necesita una explicación.

No se aflija por una nota baja que haya recibido, acepte su amonestación de esforzarse más, dentro de poco tendrá la satisfacción de verla subir. Y recuerde que lo más importante no es sacar la nota más alta que nos puedan dar nuestros maestros humanos, sino sacar una buena nota de nuestro Gran Maestro y Señor.

Su actitud hacia el examen

Para resumir, ¿qué diremos, pues, de los exámenes que tanto se han despreciado entre los estudiantes de todo el mundo? ¿Son problemas pesados que hay que soportar heroicamente, o servirán para algo constructivo?

Hemos visto que el examen, en realidad, es un buen amigo de todos, sea del tipo de explicación o del tipo objetivo. No importa, pues, la clase de examen que tenga en la próxima oportunidad, ni lo duro que parezca; lo está preparando bien de una forma sistemática desde que empezó la asignatura, y no va a esperar hasta la noche antes del examen para estudiar. No tendrá temor ni temblor al llegar el momento del examen. Tampoco le dará un dolor de cabeza, puesto que habrá dormido igual como en cualquier otro tiempo.

Va a tener una mejor actitud hacia los exámenes porque se da cuenta de que ellos indican lo que ha aprendido de veras y lo que tiene que estudiar más. El examen revelará si el profesor aclaró bien todo. El examen servirá de repaso para así aprender mejor lo que estudió.

Puede iniciar una campaña destinada a poner fin al estado de nerviosidad cuando hay examen, puesto que eso es un enemigo fuerte del aprendizaje. ¿Cuál sería una buena consigna (o lema) para tal campaña?

CAPÍTULO 8

LAS TAREAS DOMÉSTICAS

¿Cómo se las debe mirar?

La tarea doméstica es una cosa que uno debe hacer a la carrera y con la mente puesta en otra cosa para que pase el tiempo rápidamente, según la idea de algunos. Creen que la tarea que se les asignó es la peor de todas; dicen que no hay justicia porque algunos compañeros tienen tareas mucho más fáciles de hacer y más agradables. Tales personas se han olvidado que la Biblia nos exhorta a hacer todo como para el Señor. Ninguna tarea es tan mala que no la podemos hacer con gozo si es para el Señor.

A otros no les gusta su tarea porque no saben hacerla bien. Algunas hermanas que nunca han planchado una camisa tienen que empezar desde la primera semana, no con una, sino con docenas de camisas. Pero la hermana que no sabe planchar necesita aprender a hacerlo pronto, porque si va a estar en el ministerio, va a tener que planchar mucho. En tales casos, la tarea llega a ser igual que una asignatura.

Hay los que dicen que no les alcanza la semana para sus estudios, y por lo tanto consideran que la tarea es una pérdida de tiempo. Creen que hay muchas otras cosas de más provecho que pueden hacer; pero no se dan cuenta de que pueden sacar gran provecho de su tarea.

Provecho que se les saca

La tarea ofrece una manera de gozar un cambio de actividades. Cuando uno ha pasado varias horas en los asuntos de las clases y el estudio, es muy saludable ocuparse en algo completamente distinto. El cambio sirve como descanso para la mente.

Otra manera en que las tareas sirven de provecho es que le ayudan a uno a tener consideración para los que hacen ese trabajo siempre. Por ejemplo, los hombres que tuvieron que lavar los platos en el instituto bíblico aprecian más ahora el trabajo de la esposa que se ocupa en eso todos los días.

Uno de los beneficios más importantes que ofrecen las tareas domésticas es la contribución que hacen a la formación de un carácter maduro y estable. A la naturaleza humana hay que enseñarla y disciplinarla; nos conviene en gran manera hacer las cosas que no son de nuestro agrado. En la vida de un ministro evangélico se presentan cosas que no quiere hacer entre los deberes que le corresponden; la persona que no se puede acostumbrar a todo va a hallar muy difícil cumplir con su llamado.

La manera de hacerlas

La mejor manera de hacer un deber desagradable es empezarlo sin demora y con la idea de que va a servirle de ayuda. Una vez un profesor aconsejó a sus alumnos de primer año: «Para alcanzar la victoria sobre las tareas,

deben exigirles que les proporcione una bendición. Tome
ese trapeador y dígale: No te soltaré hasta que no me
bendigas. »

Aunque las palabras del profesor pueden causar risa,
encierran una gran verdad: si aprende a trapear con gusto, a pelar las papas con satisfacción, a lavar los platos
con alegría, habrá dominado una de las grandes lecciones de la vida: la de hacer con gozo los trabajos poco
agradables. Y eso adelantará su vida espiritual.

Está por demás decir que si los estudiantes no hacen
las muchas tareas del plantel, hay que pagar a empleados para que las hagan. Con el presupuesto limitado del
instituto, tal cosa es imposible. Recuerde esto, y alégrese
por la oportunidad de ayudar al instituto.

Venza la tentación

A veces uno se siente tentado a quejarse de la tarea
que le ha tocado; la ve peor que las de otros alumnos.
Por lo general, hay una rotación de tareas para que uno
no tenga que hacer la misma cosa todo el año. Mientras
tanto le ayudará a vencer la tentación de quejarse si recuerda esto: Si algún estudiante tiene que hacerlo, y si
ninguno es mejor que otro, entonces lo mismo usted que
cualquier otro debe estar dispuesto a hacerlo, por desagradable que sea la tarea.

Otra cosa que le puede ayudar es recordar que lo que
el cristiano hace lo debe hacer como para Cristo y de su
agrado. «Todo lo que hagáis, hacedlo de corazón, como
para el Señor y no para los hombres; sabiendo que del
Señor recibiréis la recompensa de la herencia, porque a
Cristo el Señor servís» Colosenses 3:23-24.

La próxima vez que tenga la tentación de quejarse de
su tarea, recuerde que le puede servir de una gran ayu-

da, si así lo permite. «Dad gracias en todo; porque esta es la voluntad de Dios para con vosotros en Cristo Jesús.»

Si trabaja afuera

Algunos de los alumnos trabajan afuera y estudian. Ya hemos mencionado los problemas de cansancio y de poco tiempo para los estudios; sean estos en el instituto diurno, nocturno o por correspondencia. Lo mismo que se ha dicho respecto a las tareas se puede aplicar al empleo. Además, el trabajo le facilita un campo excelente para la evangelización personal; la actitud del obrero hacia su trabajo es un testimonio poderoso. ¿Qué clase de testimonio está dando a sus compañeros en su trabajo?

CAPÍTULO 9

¿QUIÉN PAGA SUS ESTUDIOS?

¿Cómo se sostiene el Instituto Bíblico?

¿Sabe cuánto dinero se necesita para mantener el instituto bíblico por un solo día? Si no, sería interesante averiguarlo. ¿Cree que lo que los alumnos pagan cubre los gastos? Aquí hay otras preguntas cuyas respuestas puede buscar hablando con alumnos de otros años o con el administrador. De ser posible, el administrador aceptaría una invitación de la clase para darles esta información y decirles cómo se recauda el dinero.

¿Cómo se recauda el dinero para sostener el instituto?

¿Cuánto cuesta mantener a un estudiante por un mes?

¿Cuánto valen el terreno y los edificios del plantel?

¿Qué medios tiene el instituto para suplir algunas de las necesidades? (Aparte de las ofrendas de los hermanos)

¿Cómo es el plan de becas? ¿Quién las recibe? ¿Quién las da?

El trabajo del administrador

Es posible que el estudiante no se dé cuenta de la gran responsabilidad que lleva el administrador del plantel. El tiene que estar seguro que hay dinero para comprar los alimentos, pagar las cuentas, atender a las necesidades continuas de reparaciones de edificios y equipo. Hay un sin fin de asuntos que demandan su atención.

Cuando las entradas son tan pocas y hay muchas cosas urgentes que deben hacerse, la administración tiene que volverse artista para decidir cuáles proyectos van a recibir prioridad. Por todos lados se pide que se haga tal o más cual cosa. Hay que orar mucho que el Señor les dé sabiduría y paciencia a los responsables de tomar las decisiones.

¿Cómo puede ayudar?

Puede cooperar con el administrador procurando evitar cualquier desperdicio o daño de las cosas. Por ejemplo, la electricidad se consume a veces sin que uno se dé cuenta: una luz olvidada, encendida en un cuarto vacío, la puerta de la nevera sin cerrar, la plancha encendida todavía cuando ya no se usa; todas estas cosas hacen subir la cuenta de la luz sin que nadie reciba mayor beneficio del dinero. Una llave de agua que gotea representa un gasto innecesario.

La lista de las maneras por las cuales todos pueden ahorrarle dinero al instituto es larga. Se puede evitar el desperdicio de comida sirviéndose solamente lo que va a comer. Se pueden cuidar los muebles para no tener que repararlos con tanta frecuencia. Se puede tener cuidado con la vajilla al recoger la mesa y al lavar la loza. Se pueden cuidar las herramientas para que no se pierdan ni se arruinen. ¿Qué ideas puede añadir a la lista?

Responsables al Señor

El Señor nos ha dicho que si somos fieles en lo poco, sobre mucho nos pondrá. Aunque este texto no se dio con la idea de ser fiel en cuidar las cosas materiales, sin duda el Señor recompensa a aquellos que saben cuidar lo que han recibido en virtud del sacrificio hecho por otros. Tenemos una deuda muy grande con él y con todos los que han ofrendado para darnos la oportunidad de estar en el instituto bíblico.

CAPÍTULO 10

EL GOBIERNO DEL INSTITUTO

Cuando varias personas están trabajando en una cosa, es imprescindible organizar las actividades y proveer para la dirección de ellas. En una institución con tantos departamentos y actividades como esta, la organización es complicada.

Organización externa

El instituto bíblico es de todas las Asambleas de Dios en el país; es de la iglesia entera. Por lo tanto tiene, según su constitución, un directorio representativo de toda la iglesia. Este directorio, o junta directiva, en algunos países es el mismo Comité Ejecutivo, o Presbiterio General, de la iglesia nacional. En otros es un comité especial nombrado por el Comité Ejecutivo. ¿Sabe cuál es en su país? ¿Conoce a algunos de los miembros del Directorio?

El Directorio es la autoridad máxima del plantel. Es el cuerpo que decide cuáles serán los principios y normas sobre los cuales se desenvolverá la obra del instituto en cada aspecto. Se reúne periódicamente para tratar los asuntos del instituto y trazar planes para su adelanto.

Organización interna

El Director del plantel, como su título indica, tiene como responsabilidad la supervisión de toda actividad del plantel; es responsable ante la Directiva de ver que el instituto siga los principios trazados por dicho cuerpo; tiene que procurar que todos los departamentos trabajen en buena armonía.

El Administrador es el que está encargado de todo asunto financiero del instituto; supervisa la contabilidad, la confección de los presupuestos de los distintos departamentos y el movimiento del departamento de compras.

El Cuerpo Docente trabaja con el Director y el Administrador en sus distintas responsabilidades, planea el rumbo que tomarán las actividades de un día para otro, decide lo que se hace en casos especiales que surgen, actúa como el cuerpo máximo de disciplina del plantel.

El Cuerpo Estudiantil

Otro cuerpo que contribuye mucho a la buena marcha del instituto es la organización de estudiantes, conocida como el Cuerpo Estudiantil. Esta organización tiene su paralelo en la Asociación de Estudiantes de otras instituciones educacionales. Los estudiantes del instituto, sin embargo, recordando que están para aprender y no para dirigir, mantienen un espíritu muy distinto del que muestran los de algunas instituciones públicas. Ellos consideran que los maestros, cual pastores, procuran su bien espiritual y siempre los tratan con el respeto correspondiente.

Los alumnos tienen mucho que contribuir con sus esfuerzos e ideas para el bienestar de todos. Ningún profesor sabe todo lo que hay sobre cualquier asunto, y está dispuesto a recibir ideas y sugerencias. La dirección sabe que a veces se le ocurre a un estudiante la solución exacta de un problema, y quisiera que el alumno se lo dijera.

Se les ha dado a los estudiantes, por lo tanto, el privilegio de organizarse para que en forma ordenada y democrática, presenten sus ideas y problemas con el fin de hacer la vida en el plantel más feliz.

Puesto que nuestra iglesia tiene una forma congregacional de gobierno, el participar en las actividades del Cuerpo Estudiantil orienta al futuro obrero en los principios democráticos y congregacionales de gobierno. Se aprende a repartir las responsabilidades de una organización entre todos los miembros. Uno va dándose cuenta de que con los grandes privilegios de la democracia vienen grandes deberes.

Las actividades de la organización de estudiantes ofrecen una oportunidad a los estudiantes de relacionarse con los procesos parlamentarios. Aprenden a hablar y votar de forma aceptable en una reunión de negocios, y los dirigentes de los estudiantes tienen la oportunidad de ganar experiencias valiosas en presidir reuniones de negocios.

Los estudiantes adoptan una constitución que ellos mismos redactan. Si a través de los años ven la necesidad de enmendar algunas cosas, lo harán con toda libertad.

Ya que es miembro de esta organización, debe saber cómo funciona. En la clase se va a estudiar y analizar la constitución. Estúdiese cada artículo; pregunte cualquier cosa que no entienda. Muy pronto se celebrará una reunión de negocios, y para votar inteligentemente, va a tener que comprender lo que se está haciendo.

El Consejo Estudiantil

El Consejo Estudiantil es el cuerpo formado por los dirigentes elegidos por el estudiantado. Este comité dirige los cultos estudiantiles, está a cargo de las actividades misioneras de los estudiantes, es responsable también de promover un espíritu misionero en el grupo, nombra a personas capacitadas para la dirección de las oraciones misioneras, provee para la colecta de ofrendas misioneras, dirige la preparación de exhibiciones que presentan la necesidad de los campos no evangelizados, lleva a cabo la correspondencia con misioneros y otros institutos bíblicos con el propósito de saber de ellos y averiguar sus necesidades para orar más inteligentemente por ellos. El Consejo dirige campañas y proyectos para el embellecimiento de los edificios, patios, caminos y jardines del plantel. El Consejo presenta las opiniones de los estudiantes ante la dirección en los asuntos que están bajo estudio. Busca promover entre los estudiantes un sentido de lealtad hacia su instituto y el deseo de cooperar con el profesorado y la administración para el progreso del mismo.

Si el Consejo tiene las facultades mencionadas, también tiene la responsabilidad que acompaña tales privilegios; debe cooperar para mantener el orden y la dignidad en el plantel. Esto no quiere decir que es un cuerpo policíaco, ni que los dirigentes son espías del profesorado, sino que en un espíritu fraternal de comprensión y paciencia los dirigentes del consejo le llaman la atención al que esté portándose de forma indebida. Procuran aconsejar y ayudar al compañero que tiene dificultad en cumplir con el reglamento del plantel.

En algunos institutos, si el individuo persiste en su falta después de ser amonestado, el dirigente lleva el caso a una reunión del Consejo Estudiantil para que se decida qué acción se tomará. Bajo este sistema todos se ayudan los unos a los otros a desarrollar la capacidad de convivir en armonía. Esto provee una manera ordenada para arreglar los problemas de menor importancia entre los mismos estudiantes antes que se pongan tan graves que se tienen que llevar al cuerpo de profesores. ¿Tienen este sistema aquí o no?

El Consejo Estudiantil cuenta con una ayuda grande en todos sus planes y deliberaciones, tiene un Consejero. El Consejero es uno de los profesores que ha sido nombrado por el cuerpo de profesores para este trabajo. Él no dirige el Consejo Estudiantil; más bien sirve en capacidad consultiva. También sirve de punto de enlace con el profesorado, pues tiene la responsabilidad de presentar ante él los proyectos del Consejo que necesitan aprobación oficial antes de poder efectuarse.

Su cooperación

Si por cualquier razón no está de acuerdo con lo que hace cualquier funcionario, piense bien lo que haría en las mismas circunstancias si tuviera que actuar. Algún día le tocará tomar una decisión en circunstancias semejantes.

Dice un refrán: «Ninguna cadena es más fuerte que el eslabón más débil.» Así es con el Cuerpo Estudiantil. La organización no puede ser más fuerte que la cooperación que le da. Dios quiera que tome interés serio en ver que este año la organización tenga un éxito rotundo.

CAPÍTULO 11

CÓMO ESTUDIAR CON ÉXITO

Ponerse a estudiar

¿Cómo se puede adquirir la capacidad de estudiar con éxito? La mejor respuesta a esta pregunta es fácil y breve: poniéndose a estudiar. El estudiar con éxito no es un talento misterioso con que se nace, sino que en gran parte proviene de una firme determinación que el individuo toma, y una actitud sana hacia el estudio que hay que desarrollar. Ninguna teoría tiene la importancia que tiene la fuerza de voluntad en el estudio. No se puede detener pensando en qué debe estudiar; no se puede soñar con calificaciones altas; no se puede permitir que la mente vaya vagando por el mundo entero. Hay que sentarse y empezar a estudiar.

Interés en el tema

El segundo factor esencial para obtener éxito en el estudio es tener interés en el tema. Es muy difícil aprender lo que no le interesa. Los niños pequeños necesitan que su maestro de alguna manera les despierte el interés en la materia. Sin embargo, el estudiante adulto no debe tener necesidad de que otro le interese en lo que está estudiando, puede despertar su propio interés en la materia. Si tiene interés intenso en el tema, no corre el riesgo de desperdiciar las horas de estudio, no será en vano el sacrificio que ha hecho para dedicarse al estudio.

¿Se fijó cómo algunos tienen muy mala memoria para algunas cosas, pero en otras lo recuerdan todo? Hay fanáticos del fútbol que no tienen problema alguno para acordarse de todos los tantos de la temporada pasada de su equipo; mientras que en cuestiones de gramática no recuerdan nada. Hay modistas que no pueden contar nada de los últimos acontecimientos en Europa; sin embargo, no tienen trabajo en recordar la talla de todas sus clientes y los detalles de la última moda. Hay quienes no recuerdan cómo se escriben los nombres de los profetas menores; pero no se olvidan de todo lo que el vecino tiene en su casa.

Puede tener la seguridad de que si tiene interés suficiente en las asignaturas, tendrá mucha más facilidad en asimilar la materia. El problema grande es encontrar el interés en lo que no le llama la atención.

Una buena manera de interesarse en un estudio es saber algo de la materia. Muchas veces nuestra ignorancia de un tema es lo que hace que no nos interesemos en él. Si uno no sabe nada de la música, no se interesará cuando le hablen de la Quinta Sinfonía de Beethoven; pero si se pone a investigar algo de lo que es una sinfonía, de los instrumentos que se tocan, de la vida de Beethoven u otro tema relacionado con el asunto, va a estar más interesado en lo que le dicen acerca de una composición tan bella como lo es la Quinta Sinfonía.

Veamos otro ejemplo de este principio pedagógico. ¿A usted le interesa la geografía del país de Afganistán? Si no, haga una prueba para ver si puede interesarse en este país tan desconocido. Póngase a investigar algo del país, de los habitantes, de sus costumbres, de sus problemas actuales. Después de hacer esta investigación, cada vez que lea el nombre de Afganistán o lo oiga mencionar va a sentir deseos de saber lo que van a decir. Es porque ya sabe algo del país.

Lo mismo se puede decir acerca de cualquier estudio bíblico. La doctrina de Dios no le llama la atención a algunos; pero cuando uno se pone a preguntar cómo es la naturaleza de Dios, las ideas tan diferentes que hay en el mundo acerca de Dios, empieza a sentir el deseo de estudiar para ver exactamente qué es lo que enseña la Biblia acerca de estas cosas.

A cierto estudiante nunca le llamaba la atención el estudio de los profetas menores; pero cuando se puso a estudiarlos con sinceridad y diligencia, empezó a encontrar una mina de riquezas espirituales. Ya veía que los profetas eran hombres de carne y hueso como los predicadores de la actualidad, y que tuvieron que enfrentarse con problemas parecidos a los modernos. Empezó a darse cuenta de que tuvieron que depender del Señor al igual que el ministro de hoy en día. Ahora no le falta el interés en cualquier tema que trata de los profetas menores.

Otra manera por la cual se puede adquirir interés en algo es darse cuenta del valor práctico que tiene. Muchos se interesan en gran manera en el estudio del inglés porque ven la utilidad que el dominio del idioma puede prestarles. Saben que el que habla inglés conseguirá buenos empleos, podrá ampliarse en sus estudios por medio de obras escritas en inglés que no se han traducido al español.

En el instituto se dan solamente las asignaturas que se consideran necesarias e importantes para el ministerio. Si usted puede ver la utilidad de cada asignatura, eso le va a ayudar a interesarse más en ella.

Confianza

El tercer factor del éxito en el estudio es tener confianza en que puede dominar la materia. La idea de que no se puede, que la materia es demasiado difícil, le hace a uno fracasar antes de empezar. Se ha probado que esta actitud entorpece la mente, dificulta el aprendizaje. Pero es sorprendente ver lo que uno puede hacer cuando tiene confianza en su propia capacidad.

Además, si Dios le ha llamado al ministerio, él le iluminará la mente para que aprenda lo que debe aprender para cumplir con ese llamado. El sabía antes de traerle a este lugar cómo serían los estudios, y está dispuesto a ayudarle a triunfar en ellos.

Quizá está diciendo que no tiene la misma inteligencia y capacidad de otros, o que ha sido muy escasa su preparación anterior para estudios tan fuertes. Puede hacer mucho más de lo que piensa. El decir que no puede es dudar de la ayuda que Dios le promete. Estudie con la fe de que poco a poco va a ir dominando la materia, y verá que aprovechará mucho más.

En pocas palabras, para tener éxito en el estudio, lo que más falta hace es tener una firme determinación, tomar interés en la materia, y creer que va a poder aprender. Con estas tres cosas, caminará una gran parte de la distancia hacia el blanco de ser un obrero de más conocimiento.

Hábitos de estudio

Para ver si usted tiene buenos hábitos en el estudio, no solamente en el instituto, sino también cuando está en su casa, conteste las siguientes preguntas con «sí» o «no».

1. ¿Paso suficiente tiempo en el descanso?
2. ¿Tengo horas fijas para dormir?
3. ¿Como los alimentos que mantienen la buena salud?
4. ¿Paso el tiempo necesario en el ejercicio corporal?
5. ¿Tengo un lugar tranquilo donde estudiar?
6. ¿Tengo un lugar fijo para guardar todos los materiales de estudio?
7. ¿Me fijo para ver si hay buena ventilación en el cuarto o salón antes de empezar a estudiar?
8. ¿Procuro tener la mejor luz posible para el estudio?
9. ¿Procuro evitar que caigan sombras sobre la página que estoy leyendo?
10. Al empezar los estudios, ¿me pongo a estudiar de veras en vez de matar el tiempo?
11. ¿Tengo horas y lugares fijos para estudiar?
12. ¿Puedo estudiar aun cuando no tengo ninguna inspiración para hacerlo?
13. ¿Le doy un vistazo siempre a la materia antes de meterme en un estudio detallado de ella?
14. ¿Busco comprender la idea en vez de solamente aprender de memoria textualmente la lección?
15. ¿Procuro formar siempre una idea clara de lo que se pide en la tarea y cómo hacerla?
16. ¿Me detengo frecuentemente en el estudio para hacer un análisis de lo que he aprendido?
17. ¿Tengo presente el propósito de estudiar la materia?

Si no pudo contestar «sí» a todas estas preguntas, quiere decir que tiene algunas costumbres que le pueden perjudicar en sus estudios. Fíjese cuáles son, para ir dominándolas. Estos hábitos de estudio son cosas que pueden ayudar o impedir al estudiante, no importa la inteligencia, capacidad o preparación que tenga. Para formar buenas costumbres, lo que hace falta es la perseverancia.

La salud y el estudio

Vamos a ver cómo estos hábitos ayudan al estudiante. La primera pregunta habla del descanso. Una tendencia muy típica del estudiante es tener en poco la condición física del cuerpo. No se da cuenta de que el buen funcionamiento del cerebro y la mente depende del buen estado de salud del cuerpo. Una persona muy cansada y agotada no puede esperar asimilar bien lo que está estudiando.

Algunos estudiantes tienen la costumbre de pasar noches enteras en el estudio antes de un examen fuerte. Eso no puede ayudar en ninguna manera a mejorar el funcionamiento de la memoria. Lo poco que se pudiera ganar estudiando de esa forma, se pierde al otro día porque la mente cansada no puede estar despejada y todo llega a ser una confusión sin remedio. Es por eso que en el instituto está establecida la regla de acostarse a una hora prudente, para que los alumnos puedan estar en las clases con el cuerpo renovado después de un buen período de sueño.

Cuando se amontonan los estudios, hay quienes han llegado al extremo de tomar pastillas para no dormir. Cuando una persona esta tan cansada que se duerme «parada», significa que el cuerpo no está bien de salud, o que está muy agotado y reclama descanso. En cualquiera de los dos casos, tomar drogas no resuelve el problema. Si un buey esta en el corral y no quiere moverse porque está muy cansado, el prender fuego debajo de él va a inspirarlo a moverse pronto; pero no va a resolver el problema de su cansancio. Dios hizo el cuerpo de tal manera que tiene que pasar cierto tiempo cada día en el descanso; el no hacer eso es quebrantar las leyes naturales que Dios ha establecido. Nosotros que decimos que es un pecado fumar porque perjudica la salud del cuerpo, también debemos estar en contra de estas drogas para no dormir, porque igualmente son perjudiciales para la salud.

Otra cosa de la higiene que tiene que ver con el éxito en el estudio es la buena alimentación. Una buena alimentación no quiere decir una comida cara o exótica. Puede ser de cosas muy sencillas; pero lo importante es que sea balanceada; incluyendo frutas, verduras y hortalizas; y cosas ricas en proteínas como huevos, carne, queso, etc.

La tercera cosa que ayuda a mantener la buena salud es el ejercicio corporal. El ejercicio sirve para «limpiar las telarañas» de la mente. La despeja cuando está cansada de mucho estudio. Se ha comprobado científicamente que el cerebro necesita buena circulación de la sangre para poder funcionar eficazmente; no hay nada que estimule la circulación como el ejercicio.

Hay ministros que estarían más fuertes y saludables si pasaran mas tiempo en ejercicios físicos. Creen que están tan ocupados en la obra que no les alcanza el tiempo para hacer ejercicios; pero la verdad es que el dar ejercicio al cuerpo lo conserva en salud y prolonga el tiempo que puede trabajar para el Señor. Por ejemplo, en lugar de andar siempre en ómnibus o en automóvil, pudiera aprovechar la oportunidad para caminar más. (Es cierto que en algunos campos este tipo de ejercicio sobreabunda en el trabajo ministerial.)

En fin, recuerde que su cuerpo es templo del Espíritu Santo y merece el cuidado y ejercicio necesarios para estar en buenas condiciones para su uso.

El ambiente y el estudio

Después de la salud del estudiante, el ambiente tiene mucho que ver con el éxito en el estudio. Es otra cosa que no depende de la mucha inteligencia, sino de tener cuidado en proveer hasta donde sea posible un ambiente propicio para el estudio.

Se debe buscar un lugar tranquilo donde estudiar. El ruido, el movimiento de otras personas en el cuarto y cualquier otra cosa que llame la atención e interrumpa, estorban la concentración en el estudio. En el instituto las reglas ayudan a mantener el silencio para el estudio; pero cuando está fuera del plantel, va a tener que hacer un esfuerzo para tener un lugar tranquilo donde estudiar.

No solamente debe tener tranquilidad el lugar de estudio, sino que debe ser el mismo lugar. Una de las rarezas de la naturaleza humana es el hecho de que puede concentrarse mejor la mente en un ambiente bien conocido. Parece que en tal lugar no hay cosas nuevas para llamarle la atención a uno y desviarlo de su concentración. Si acostumbra ir siempre al mismo lugar para estudiar, su mente, al darse cuenta que el cuerpo ha llegado a ese lugar, en seguida se prepara para estudiar, porque lo ha hecho en ese lugar en tantas otras ocasiones. Es como la sensación que viene automáticamente cuando se pasa por la cocina, en seguida el cuerpo pide comida.

Y como la mente se adapta mejor a un solo lugar para estudiar, también se adapta mejor a una hora fija para el estudio. ¿Por qué muchos aumentan de peso cuando llegan al instituto? La regularidad es mejor que la medicina para el bienestar del cuerpo. Igualmente la regularidad ayuda mucho en el estudio. Si forma el hábito de estudiar siempre a la misma hora, cuando va llegando esa hora, la mente por costumbre se va preparando para concentrarse.

La buena ventilación también ayuda a estudiar mejor. El cuerpo necesita continuamente una cantidad de oxígeno lo mismo para trabajar manualmente como para la actividad mental. En lugares donde no hay buena ventilación, se acaba muy pronto el oxígeno del aire, y el cuerpo empieza a sentir sueño y deja de estar alerta la mente.

Otra cosa que cansa muy pronto el cuerpo es la falta de buena luz. Como la vista tiene que hacer un esfuerzo más grande para distinguir las letras de las palabras que está leyendo, se cansa más pronto, y como resultado, se aprende menos.

Se debe procurar que no caigan sombras de la cabeza o de cualquier objeto sobre la página, porque si hay dos grados de intensidad de luz en la misma página, la vista tiene que hacer el esfuerzo de adaptarse a los dos grados, y eso cansa rápidamente.

La organización del estudio

Uno puede tener buena salud y estar en un ambiente ideal; pero si no aprende a organizar el estudio, puede ser que no aproveche el tiempo de todas maneras. Hay quienes nunca saben dónde han dejado el lápiz, la libreta, la pluma, y los otros utensilios de estudio. Aunque le cueste trabajo, acostúmbrese a tener un lugar para cada cosa, y a guardarla allí siempre. Si se detiene un segundo para guardar una cosa en su lugar designado, ahorrará muchos minutos más tarde cuando le haga falta de nuevo, porque no tendrá que perder tiempo buscándola en veinte lugares diferentes.

La organización del estudio abarca más que tener un lugar designado para los utensilios escolares. Incluye también la distribución del tiempo para cada asignatura. Cuando se pone a estudiar debe pensar en todo lo que tiene que tener preparado al terminar el período de estudio. Entonces, debe repartir el tiempo entre esas asignaturas, para no pasar mucho tiempo en una sola y dejar las demás sin pensar siquiera en ellas.

Pero, ¡qué bueno es tener la costumbre de empezar en seguida a estudiar seriamente, sin perder ni un momento en cosas sin importancia! Pudiera ser que de esta sola costumbre dependa el éxito suyo.

Concentración en el estudio

El hábito de estudio más malo es el de matar el tiempo después de empezar la hora de estudio. Es fácil mirar a otros, dejar que la mente vague, pintar caricaturas en un papel, hojear un libro sin propósito alguno.

Aprovechamiento de oportunidades

Además del tiempo regular de estudio, debe aprender a aprovechar el tiempo libre. Algunos siempre llevan consigo un libro para estudiar o leer mientras esperan la llegada del ómnibus o en el trayecto. Uno puede repasar mentalmente las lecciones mientras camina o cuando está haciendo un trabajo que requiere solamente una parte de su atención. En vez de permitir que los pensamientos vaguen por dondequiera, disciplínelos meditando en lecciones pasadas. Repase cualquier trabajo de memoria. Medite en el tema que tiene que escribir.

Esta práctica de aprovechar las oportunidades aumentará grandemente su tiempo disponible para el estudio. También grabará bien en la memoria lo que quiere aprender.

Esto es de importancia especial para los alumnos en institutos nocturnos y para los que trabajan para cubrir sus gastos en el instituto. Hay tan poco tiempo disponible para el estudio en casa que tienen que aprender a aprovechar toda oportunidad adicional.

Además, esta costumbre puede servirle bien para toda la vida y hacerle un obrero más dedicado a la obra del Señor. La mente se acostumbra a dedicarse con todas sus fuerzas a las responsabilidades que tiene en vez de ser perezosa o vagar en pensamientos de poco provecho.

En fin, el éxito en el estudio no depende del todo de la inteligencia de uno. Si procura mantener buenos hábitos de estudio, verá que le serán de mucha ayuda en el aprendizaje de la materia que ha decidido estudiar.

CAPÍTULO 12

LAS HERRAMIENTAS DEL ESTUDIO

El campesino, si así lo deseara, podría ir sin implemento alguno a preparar el terreno para sembrar maíz. Podría, aunque con dificultad, sembrar el maíz con las manos nada más. Sin embargo, con un azadón o un arado puede facilitar el trabajo y realizarlo con mucha más rapidez.

Los libros en la biblioteca

Así es con el estudio: hay algunos libros que le pueden ahorrar mucho tiempo en sus estudios. El depósito de estas herramientas de estudio es la biblioteca. Conozca la biblioteca, y sepa usar el fichero de tarjetas de todos los libros que se encuentran en la biblioteca. Aprenda también cuáles son las reglas del uso de los libros.

Dicho sea de paso, después de salir del instituto, puede ser que esté en un lugar sirviendo al Señor, donde no tendrá acceso a una biblioteca. Debe ir, por lo tanto, adquiriendo buenos libros de estudio para tener su propia biblioteca; de esta manera podrá seguir sus estudios particulares de la Palabra de Dios. Hablando a un grupo de obreros jóvenes, un predicador anciano dijo que el pastor joven debe de preocuparse primero en conseguirse una buena biblioteca, después en conseguirse una compañera idónea.

Es interesante notar que Pablo, ya viejo y cansado, cuando se encontraba preso, escribió a Timoteo y le pidió que le llevara los pergaminos. Hasta en los últimos días de su vida era amigo de los libros. Parece que siguió estudiando hasta el fin.

El diccionario de la lengua española

Una de las herramientas que usará con gran frecuencia, es el diccionario de la lengua española. Este libro tiene tres usos muy importantes:

En primer lugar, le ayudará en el enriquecimiento de su vocabulario, dándole el significado de palabras que desconoce. Esto le ayudará a comprender mejor lo que lee, y a expresarse con más exactitud y lucidez. El ministro trabaja continuamente por medio de la palabra escrita y hablada. Es de suma importancia que maneje las palabras de su idioma con destreza.

Si quiere recordar las palabras nuevas que ha encontrado en sus estudios, puede hacer una lista de ellas, incluyendo su significado. Debe repasar la lista con frecuencia, buscando oportunidades de emplear las palabras en alguna manera para que llegue a ser parte de su vocabulario.

Aunque es muy necesario el enriquecimiento del vocabulario, existe el peligro de caer en la pedantería. Hay quienes llegan a ser hasta desagradables porque continuamente emplean palabras grandes y no muy conocidas. ¿Qué provecho hay en decir cosas que los oyentes no entienden? ¿No hablamos para ser entendidos? Como en todas las cosas, hay que mostrar en el hablar la moderación y la modestia. Si el ministro sincero habla con una persona de poca preparación, va a emplear palabras conocidas por ella para poder alcanzar a esa persona con sus pensamientos; va a guardar las palabras grandes para usarlas con las personas que las entiendan. (Y que esté seguro que sabe cómo se emplean, no hay cosa mas penosa que ver a uno que está empleando mal una palabra nueva.) El segundo uso que tiene el diccionario es para saber cómo deletrear, o sea, como escribir bien las palabras. A veces uno ha oído una palabra; pero no sabe como se escribe: si es con «ll» o con «y», con «z» o con «s». Pero con el diccionario a la mano, se resuelve en seguida el problema, porque todas las palabras están bien escritas en él, y lo único que hay que hacer es buscarlas.

El tercer uso del diccionario es que nos da la construcción gramatical de las palabras. Las abreviaturas que siguen a todas las palabras en el diccionario indican si son verbos, nombres, adjetivos, etc. En el caso de ser nombre, nos dice de qué género es. Sabiendo estas cosas, podemos evitar algunos barbarismos del idioma. Por ejemplo: si quiere saber si la palabra «calor» es masculina o femenina, búsquela en el diccionario. La abreviatura que le sigue nos dice que es masculino. Así se establece que es incorrecto decir: «Está haciendo una calor tremenda».

El uso del diccionario

Por si acaso tiene poca práctica en el uso del diccionario, vamos a considerar la manera de buscar una palabra. Todas las palabras aparecen en riguroso orden alfabético;

es decir, todas las palabras que empiezan con la letra «a» vienen primero, porque la «a» es la primera letra del abecedario.

No solamente figura la primera letra de la palabra para establecer su orden, sino todas las sucesivas. Para ilustrarlo, consideremos las palabras «amor» y «adoración». Las dos empiezan con la «a»; pero hay que decidir cuál viene primero en orden alfabético. Tenemos que fijarnos en la segunda letra, puesto que la primera es la misma. La segunda de «adoración» es la «d», y la segunda de «amor» es la «m». De estas dos letras, ¿cuál viene primero en el abecedario? La «d», por supuesto. Entonces, por eso, la palabra «adoración» viene antes de la palabra «amor».

Si tuviéramos las palabras «mortandad» y «mortal», ¿cuál vendría primero? «Mortal» viene primero. Las primeras cinco letras son iguales, pero las sextas no lo son. La sexta de «mortal» es la «l», y la sexta de «mortandad» es la «n», así que «mortal» aparece antes que «mortandad» en el diccionario. Si no lo cree, busque las dos en el diccionario y verá que es así.

Muchos diccionarios indican en la parte de arriba de la página cuáles palabras aparecen en esa página. Por ejemplo: si dice «hemisferio   hermano» se sabe que solamente las palabras después de las letras «hemi» y antes que las letras «herm» podrán estar en esa página. Fijándose en eso, uno no tiene que perder tanto tiempo buscando en muchas páginas una sola palabra.

El diccionario bíblico

Otro libro de mucha importancia para el estudiante de la Biblia es el diccionario bíblico. Este nos da el significado de los nombres de los personajes de la Biblia, descripciones de los lugares geográficos, explicaciones de hechos, y otros datos de interés; y ayuda para formarnos una idea más clara de lo que aconteció y cómo interpretar mejor el significado.

Este libro es útil también para arrojar luz sobre muchas de las costumbres orientales de los tiempos bíblicos que en la actualidad no entendemos, porque nuestra cultura y época son completamente diferentes.

En el diccionario bíblico encontrará las medidas que menciona la Biblia y sus equivalentes modernas. Dice que el codo con que Noé midió el arca era de dieciocho a veintidós pulgadas, o sea, unos cuarenta y cinco o cincuenta y cinco centímetros. El arca, entonces, tenía un largo de por lo menos cuatrocientos cincuenta pies o ciento treinta y siete metros. Sabiendo esto, puede comprender mejor lo grande que era el arca.

Hay que recordar, sin embargo, que el diccionario bíblico no es inspirado como lo fue la Biblia. No estamos obligados a aceptar todas las interpretaciones doctrinales que presenta. Uno tiene que estudiar lo que dice, y luego decidir si el razonamiento está de acuerdo con el resto de la Biblia o no.

Como en el diccionario de la lengua española, las palabras del diccionario bíblico están en orden alfabético.

La concordancia bíblica

Un libro que le puede ahorrar mucho tiempo en el estudio de la Biblia es la concordancia. Quizás la palabra concordancia le dé la idea de que es un libro que le indica las palabras que vienen concordando unas con otras. No es así. La concordancia es sencillamente un índice de todas las palabras que se encuentran en la Biblia y la cita donde aparecen.

Supongamos que se ha olvidado de la cita, o sea, del capítulo y versículo del texto que dice: «Porque de tal manera amó Dios al mundo que ha dado a su Hijo unigénito.» Lo que hay que hacer es buscar cualquiera de estas palabras en la concordancia. Se puede buscar la palabra «amó», o «Dios», o «mundo», o «unigénito». Sin embargo, es más fácil buscar la palabra «unigénito», puesto que se usa menos a través de la Biblia que las otras palabras que mencionamos.

Al encontrar la palabra «unigénito», empiece a leer todas las frases en las cuales se emplea esta palabra. Como cada una de estas frases contiene la palabra «unigénito», la concordancia, para economizar tiempo y espacio, emplea una abreviatura de la primera letra de la palabra. Cuando vea la frase «ha dado a su Hijo u.» ya sabrá que esta es la que buscaba. Mire cual es la cita y verá que la concordancia dice que Juan 3:16.

A veces sucede que no se encuentra la frase bajo la palabra que se ha escogido. En tal caso, hay que escoger otra palabra de la misma frase.

A veces no se encuentra la cita que se busca porque se está pensando en una palabra que la Biblia no usa, aunque expresa la misma idea del texto. Lo que hay que hacer entonces es buscar la cita bajo otra palabra del texto.

Referencias marginales de la Biblia

Otra ayuda para el estudiante bíblico, la ofrece el sistema de referencias que muchas Biblias tienen en el margen del centro o al pie de la página. Estas referencias le dan citas de otros lugares que emplean la misma palabra del texto o tratan de la misma idea o pensamiento.

Por ejemplo, busque 1 Juan 3:1. Lea: «Mirad cuál amor nos ha dado el Padre, para que seamos llamados hijos de Dios.» Ahora fíjese en la letra cursiva pequeña al lado de una de las palabras en este texto. (Si su Biblia tiene referencias marginales, las verá.) En algunas Biblias esta letrita está al lado de la palabra «cuál», o «que», o «Dios». Cerca de eso, en la columna al centro de la página, o al pie de la página, se encuentra la misma letra chiquita con otra cita bíblica; búsquela y verá que tiene algo que ver con el mismo asunto. A veces la nueva cita le da otras referencias sobre el mismo tema.

Algunas ediciones de la Biblia tienen este sistema desarrollado más que otros. Algunas tienen los textos sobre ciertos temas indicados «en cadena» a través de la Biblia entera por medio de las referencias marginales.

Al igual que el diccionario bíblico, estas referencias no tienen la inspiración divina y especial que tuvo la Biblia, y por lo tanto, puede ser que lleven a un texto que no tiene que ver con el que se está leyendo, aunque se emplee la misma palabra. No estamos obligados a aceptar las conclusiones que podrían resultar de esta comparación de textos.

Armonía de los Evangelios

Para el estudio de los Evangelios es muy útil una «Armonía de los Evangelios». Este libro pone todo lo que dice cada Evangelio acerca de cualquier incidente, en la misma página, en cuatro columnas distintas, y así, con gran facilidad se pueden ver los puntos de semejanza y de diferencia en los distintos Evangelios.

Atlas mundial

Para poder estar al día con los acontecimientos mundiales es muy bueno estudiar un atlas mundial. Este libro contiene mapas de todos los países del mundo y mucha información geográfica de ellos. Ayuda esto a interpretar las profecías bíblicas de los últimos tiempos. También sirve para tener una mejor comprensión de las actividades de nuestros misioneros en el mundo entero.

El diccionario enciclopédico

El diccionario enciclopédico ofrece información valiosa y auténtica sobre muchos temas de historia, geografía, ciencias, música, y otras cosas. Los temas están arreglados en orden alfabético igual que el diccionario de la lengua.

El almanaque mundial

Otro libro que da muchos datos sobre los países del mundo, incluyendo el número de habitantes, las industrias, las comunicaciones, el gobierno, las religiones, es el almanaque mundial. También se encuentran listas de medidas, hechos históricos, personas célebres, museos, y otras cosas semejantes.

Su actitud

El tiempo no nos permite seguir hablando de los otros libros útiles para usted en el estudio. Sin embargo, el bibliotecario le puede ayudar en estas cosas. Cultive un espíritu de investigación, conozca los libros de la biblioteca, tome la determinación de que va a pasar mucho tiempo descubriendo las minas de información, explicación e inspiración que le harán un obrero de mucha riqueza.

CAPÍTULO 13

CÓMO MEJORAR LA LECTURA

Examen de costumbres

Para empezar este capítulo, tenemos otro examen que debe hacer ahora, contestando sí o no, para saber cómo anda en la lectura.

1. ¿Adapto o regulo la velocidad de lectura de acuerdo a la profundidad de la materia que estoy leyendo?
2. ¿Leo frases que den pensamientos completos en vez de palabras sueltas?
3. Al terminar el renglón, ¿bajo la vista enseguida para el próximo?
4. ¿Evito dar ojeadas o saltos regresivos a renglones anteriores?
5. ¿Evito la articulación o pronunciación de las palabras mientras leo?
6. ¿Puedo dar un vistazo superficial a un artículo para enterarme del tema?

7. ¿Pienso en el propósito de leer este material, en lo que espero aprender, y en lo que ya sé del tema, antes de empezar a leer el artículo?

8. ¿Voy analizando los argumentos del autor a ver si son lógicos o no?

9. ¿Procuro descubrir del contexto el significado de una palabra desconocida?

10. ¿Trato de averiguar el significado de una palabra desconocida por medio de un análisis de su prefijo, sufijo y raíz?

11. ¿Busco después en el diccionario el significado de la palabra desconocida?

12. ¿Puedo ver la relación de un tema con otro?

13. ¿Puedo bosquejar un pasaje o capítulo?

14. ¿He aprendido a relacionar lo que leo en un lugar, con lo que leo en otro?

15. ¿Puedo seleccionar la idea central de cada párrafo, distinguiéndola de los detalles menores?

16. ¿Sé usar el índice de un libro?

17. ¿Me fijo en la tabla del contenido de un libro antes de empezar a leerlo?

Como puede ver, estas preguntas tratan distintas fases de la lectura. Si no pudo contestar que sí a cada una, sin duda alguna necesita mejorar la lectura. Si lo hace, podrá aprovechar más el tiempo pasado en el estudio, no solamente en el instituto, sino durante toda su vida.

La lectura de un ministro

Es sorprendente pensar en el número de horas que un ministro pasa en la lectura. Para que la mente no se estanque, tiene que leer y estudiar continuamente. Hay que estudiar la Biblia; hay que leer comentarios sobre ella; hay que leer otras cosas para mantenerse al tanto de los acontecimientos mundiales. De otra manera, el ministro no puede comprender los tiempos y sus problemas particulares. Vale la pena, pues, hacer un esfuerzo para mejorar la capacidad en la lectura, tanto en la comprensión como en la velocidad

La velocidad normal

Los pedagogos nos dicen que un alumno del cuarto grado debe poder leer con comprensión de ciento cuarenta a ciento sesenta palabras por minuto, y uno del sexto grado debe haber alcanzado de ciento ochenta a doscientas veinte palabras por minuto.

¡Qué triste es ver que hay estudiantes en el instituto que no leen más de ochenta palabras por minuto! Tales personas tendrán muchas dificultades en sus estudios porque no les alcanzará el tiempo necesario para la gran cantidad de lectura que se les exigirá en los estudios más adelantados. ¿Cómo, pues, puede aumentar la velocidad con que lee?

Cómo aumentar la velocidad

La primera manera es sencilla: hacer un esfuerzo. Cuando se pone a leer, piense en la necesidad de leer más aprisa. Quizá al principio no podrá retener mucho de lo que lee de esta manera; pero si persiste en ello, poco a poco irá leyendo con más rapidez.

En segundo lugar, hay que leer en silencio, sin mover los labios. Algunas personas leen pronunciando o articulando cada palabra con los labios o por medio de un movimiento casi imperceptible de la boca. Otras llegan hasta a cuchichear las palabras. Pero todas estas malas costumbres obstaculizan la velocidad.

La vista puede pasar por el texto y comprenderlo con más rapidez de la que los labios lo pueden pronunciar. Si tiene que esperar cada vez que los labios terminen de articular la palabra antes de seguir, se atrasa innecesariamente.

Aunque parezca una cosa muy insignificante, el mantener el cuerpo (incluyendo la cabeza) completamente inmóvil, ayuda a alcanzar mayor rapidez en la lectura. Dios ha diseñado la vista de tal manera que ella sola puede ocuparse de toda la operación de leer. No necesita la ayuda del movimiento de la cabeza; al contrario, cualquier movimiento por muy pequeño que sea, estorba la acción de la vista.

En cuarto lugar, hay que enseñar la vista a leer frases completas, en vez de palabras sueltas. Eso es porque se pierde el significado de la frase cuando se lee solo una parte. También hay que recordar que la vista tiene la capacidad de ver en el mismo instante más de una sola palabra. Demora lo mismo para ver una sola palabra que para ver varias.

La vista trabaja como una cámara: se fija en un sujeto y después lo retrata. Se demora el mismo tiempo para retratar a una persona que para retratar a cincuenta. Tiene que estar inmóvil en el momento de retratar al sujeto para poder captar la imagen con claridad.

De igual manera, la vista para, se fija en una palabra o en varias palabras, manda la imagen de ellas al cerebro para que este la interprete y tome su significado. Se aumentará grandemente, pues, la velocidad de la lectura si se aumenta el número de palabras que lee la vista con cada parada.

La quinta manera de aumentar la velocidad es de no retroceder a palabras o renglones anteriores. Uno debe concentrarse en lo que esta leyendo para no tener que volver atrás por el hecho de no haber comprendido algo que acaba de leer.

Si esto le parece difícil de hacer en el principio, siga procurando hacerlo. Verá que, como muchas otras cosas, hace falta practicarlo día tras día. El primer día que uno intenta poner ladrillos, va a descubrir que es una cosa no muy fácil; pero después de hacerlo por mucho tiempo, llega a ser un maestro de obras.

La sexta sugerencia que tenemos para ayudarle a adiestrarse en la lectura es que se fije en la puntuación que lleva el texto. Los puntos finales nos ayudan a ver cuál es la idea completa del autor; separan una idea de otra. Cuando vemos uno, tenemos que recordar que allí se terminó el pensamiento del autor y debe de estar completo también en nuestra propia mente. Y quien dice el punto final también puede mencionar la coma y los demás signos. Cada uno tiene su propósito, y todos contribuyen a una comprensión más rápida y más clara de la materia.

Para que vea como la vista hace paradas rápidas cuando va leyendo, puede hacer el siguiente ejercicio: póngase en una silla baja, frente a frente con un compañero. Mientras lee el compañero, fíjese en el movimiento de sus ojos. Cuente las veces que para la vista en cada renglón del texto. Tiene que fijarse bien para distinguir las paradas, pero se pueden notar. También, se puede notar si la persona retrocede a palabras o renglones anteriores. Si ve que el compañero lo hace, llámele la atención para que él lo sepa y empiece a hacer el esfuerzo de dejar tales costumbres.

Cómo mejorar la comprensión

Hemos hablado mucho de aumentar la velocidad con que lee. Pero no debe pensar que hay que leer toda clase de literatura a la carrera. Hay distintas clases de escritos, y algunos se prestan a una lectura veloz mucho más que otros. Una anécdota, una historia, un cuento, se lee con más rapidez que un discurso sobre la santificación, la tribulación o la filosofía de Platón. Por lo tanto, de acuerdo con el estilo y la naturaleza del escrito, hay que variar la velocidad de la lectura para aprovechar el tiempo.

Con aumentar la velocidad con que leemos, no resolvemos automáticamente todos los problemas de la lectura; algunas veces uno va leyendo muchas palabras sin llegar a comprender la idea que presentan.

Para poder comprender lo que esta leyendo, la primera cosa que tiene que hacer es concentrarse bien en el tema. Hay que tomar la determinación de echar fuera toda cosa ajena al tema. Hay que disciplinar la mente para que no vaya vagando en pensamientos de otras cosas. Esto no se hace con solo quererlo hacer. Hay que practicarlo continuamente. Poco a poco uno va enseñando a la mente la manera de concentrarse en una sola cosa.

Otra manera en que puede mejorar la comprensión es preparar la mente para el tema antes de empezar a leer. Debe preguntarse cuáles son los puntos importantes que trata la lectura, qué valor práctico tiene, con qué propósito lo desea leer. Teniendo presente estas cosas, la mente estará mejor preparada para comprender lo que lee.

Otra manera de preparar la mente para comprender mejor lo que piensa leer, es darle un vistazo superficial a la materia antes de ponerse a leerla detalladamente. Así puede captar la idea general del autor y se puede dar cuenta del «rumbo» que toma. Después, al empezar la lectura detenida, no se perderá tan fácilmente porque habrá visto, aunque por encima, a dónde le va a llevar el autor.

Algunos recomiendan que este vistazo se realice de una manera sistemática. Es decir, que se lea la primera oración de cada párrafo, que en la mayoría de los casos es el tema del párrafo. Así uno tiene un resumen completo del asunto. Algunos libros ponen los temas centrales en negrita. Esto es de gran ayuda para orientarse .

También, hay autores que ponen, o en la tabla del contenido o al principio de cada capítulo, un bosquejo del capítulo. De igual manera, esto sirve para darle a uno una idea general de lo que se trata en el capítulo. Hay todavía otro método de enterarse de los puntos principales. En muchos libros se halla un cuestionario al finalizar el capítulo. Desde luego, el autor pregunta las cosas que estima sean de más importancia. Así uno tiene idea de lo que se va a tratar, y se prepara la mente dándole deseos de encontrar las respuestas a las preguntas .

Muchos no comprenden lo que leen porque no hacen un esfuerzo de analizar el desarrollo y los argumentos del tema. La tercera sugerencia que damos para mejorar la comprensión es, pues, que vaya analizando lo que lee. Tome nota mental de las cosas y decida si está de acuerdo con ellas o no. Nunca tenga la idea de algunos de que todo lo que está impreso es verídico y digno de su confianza. Recuerde que el que no sabe nada, si tiene dinero, puede mandar imprimir los disparates que ha escrito, lo mismo que si los estuviera hablando. Si algunos están equivocados en lo que dicen, también los hay en lo que escriben. Los mismos periódicos, a veces, publican cosas inciertas. Procure, pues, analizar en todo momento lo que esta leyendo. Examine los argumentos del autor. Juzgue si le parecen lógicos o no.

Un gran obstáculo para la comprensión de la materia que uno lee es no saber el significado de una palabra empleada por el autor. Al desconocer una palabra, automáticamente hay menos comprensión.

Cuando encuentra una palabra nueva, primero debe tratar de dar con su significado, fijándose en el contexto de la palabra. Este es el que la precede y el que la sigue. Muchas veces de esta manera se puede deducir el significado de una palabra.

Claro que la manera más obvia de enterarse del significado de una palabra es buscarla en un diccionario. Debe siempre tener un buen diccionario a su disposición cuando está leyendo. Puede ser que deseará apuntar la palabra desconocida para después buscarla en el diccionario. De esta manera no interrumpirá la lectura. En algunos casos, este método es muy recomendable.

Cómo mejorar la retención

Si desea saber cuánto está reteniendo de lo que lee, hágase las preguntas del cuestionario que muchos autores ponen al final del capítulo. Esto no solamente sirve para medir la retención de lo que se lee, sino que también sirve para repasar la materia.

Como punto final en cuanto a la retención, podemos agregar que a muchos estudiantes les ha servido de ayuda subrayar las frases más importantes mientras van leyendo. Esto no solo los pone en una actitud de estar buscando siempre las ideas principales, sino provee una manera magnífica de repasar, porque las ideas y los datos principales que se han subrayado resaltan cuando uno vuelve a mirar o leer la misma cosa.

De aquí en adelante, va a tener que leer un sin fin de cosas; pero va a tener dificultad en hallar el tiempo disponible para la lectura. Vale la pena, pues, hacer grandes esfuerzos para aumentar la velocidad de la lectura, y a la vez hacer todo lo posible para retener más.

CAPÍTULO 14

CÓMO ESTUDIAR UNA LECCIÓN

Preparar la mente

Algunos estudiantes pierden mucho tiempo cuando empiezan a estudiar una lección, porque no saben exactamente lo que van a hacer. Si supieran lo que iban a estudiar podrían empezar desde el primer momento de la hora de estudio y así adelantarían más.

En la preparación de una lección, generalmente se deben dar cuatro pasos. El primer paso es la preparación de la mente para el estudio. Muchos lo pasan por alto porque creen que consume mucho tiempo y tiene poca importancia. Pero si se omite este paso inicial, se va a demorar más en la realización de las otras partes subsiguientes del estudio por falta de poder tomar bien el hilo del pensamiento. Más difícil será concentrarse, porque la mente sin la preparación necesaria tiene muchas otras cosas ajenas en que pensar.

Se puede comparar la mente con el motor de un avión. Antes de despegar, el piloto siempre acelera los motores para que se calienten. Hay mucho más peligro de que fallen los motores cuando están fríos, que cuando están calientes. Y así es con la mente; con una breve preparación antes de empezar el verdadero estudio, la mente se presta más fácilmente para concentrarse en un solo tema.

¿Cómo se prepara la mente? Como dijéramos en el capítulo anterior cuando hablamos de la lectura, hay que hacerse las preguntas siguientes: ¿Por qué voy a estudiar esta lección? ¿De qué se trata? ¿Cuáles son los puntos principales? ¿Qué relación lleva esta lección con mi vida? ¿Con mi trabajo? ¿Con lo que pienso hacer en lo futuro?

Si tiene alguna duda en cuanto al valor de pasar breves momentos en preparar la mente de la forma sugerida, pruébelo en cada hora de estudio por una semana para ver si le da resultado. Puede tener la seguridad de que podrá realizar más en menos tiempo que antes.

Aunque ya se dieron las maneras de buscar los puntos principales de una lectura en el capítulo anterior, vamos a repasarlas brevemente aquí, puesto que están de acuerdo con el estudio. Se puede leer la primera oración de cada párrafo, se puede observar el bosquejo si el autor lo da, se puede leer el cuestionario al final de capítulo (si lo hay). Se puede dar un vistazo superficial a la materia, se pueden leer los «subtítulos» que algunos ponen en negrita.

Lectura detenida de la materia

El segundo paso es evidente: la lectura detenida de la porción que toca para la clase o el capítulo entero. Si la materia es muy difícil y nueva, quizá tendrá que leer algunas partes dos o tres veces.

Resumen mental de lo leído

El tercer paso es igualmente importante. Debe hacer un resumen en la mente de lo que ha leído; si hay un cuestionario, debe contestar todas las preguntas. Debe procurar aclarar cualquier cosa que no haya entendido; si le da tiempo, puede ir buscando más información y datos en otros libros y comentarios.

Preparación de tareas asignadas

El último paso en el estudio de una lección es la preparación de la tarea asignada por el profesor de la asignatura; y para poder hacer bien la tarea, hay que comprender que la tarea no tiene como propósito el ocupar el tiempo del estudiante, sino ayudar al estudiante a captar mejor la idea de la lección. El maestro está muy ocupado con sus muchas responsabilidades para dar tiempo al repaso de cosas de poca importancia; así que, si recuerda que la tarea es para ayudarle a aprender la materia, tendrá más deseo de hacerla bien, y con más deseos de hacerla bien, automáticamente aprenderá más en el proceso.

Algunos estudiantes pierden tiempo en hacer sus tareas porque no prestan atención cuando se explica cómo hacerlas. Como resultado, no están seguros en la hora de estudio de lo que deben hacer. A veces tienen que repetir el deber por no haberlo hecho correctamente. Si no entiende exactamente qué es lo que desea el maestro que haga en cualquier tarea, pregúntele enseguida. El maestro estará mucho más deseoso de aclarar la cosa en el momento de dar la tarea que después cuando debía usted entregarla.

No caiga nunca en la costumbre de dejar las tareas para el último momento; fíjese bien en la fecha que se pone para entregar la tarea; empiece temprano a hacerla. Más vale tenerla hecha por adelantado que entregarla atrasada. El que se acostumbra a dejar las cosas para más tarde y a atrasarse en su trabajo tiene problemas de muchas clases; los atrasos llegan a ser una costumbre muy pesada, una carga terrible, que hay que llevar innecesariamente. Esta mala costumbre indica inestabilidad de carácter; los maestros rebajan la calificación de una tarea atrasada porque desean ayudar al estudiante a formar un carácter disciplinado y fuerte, y porque a ellos mismos les causa un trastorno molesto tener que calificar una tarea sola después de haber revisado las demás en días anteriores.

No solamente hay que esforzarse para entregar la tarea a tiempo, sino también para dejarla bien hecha. Se debe hacer con esmero, evitando equivocaciones debidas al descuido y apuro. Debe estar limpia, hecha con pluma en un papel presentable. El entregar una tarea hecha de prisa y en cualquier papel es insultar al profesor y decirle que la cosa tiene muy poca importancia.

Toda tarea, a menos que lo indique el profesor de otra manera, debe tener como encabezamiento el nombre del alumno, la fecha de entrega del trabajo, el nombre de la asignatura, el nombre del profesor, y el título de la tarea.

CAPÍTULO 15

CÓMO APROVECHAR LAS CLASES

Tener interés

Cuando va al aula para asistir a clase, ¿qué propósito lleva? Algunos alumnos, después de pasar problemas y vencer grandes obstáculos para llegar al instituto, muestran poco interés en aprender en el aula. Tienen una «cara» de indiferencia, prestan poca atención, no hacen preguntas, ni participan en las discusiones. Parecen haber olvidado el motivo que los trajo al instituto.

Se espera de un maestro de niños que tenga mucho cuidado en presentarles a sus alumnos la lección de tal manera que les llame la atención, porque de otra manera el niño no va a tener ningún interés en la clase. Pero se supone que una persona de ideas maduras que ha decidido dedicar su vida al Señor no va a esperar que el profesor le presente algo llamativo para empezar a interesarse en la materia de una asignatura del instituto bíblico. Claro que el profesor tiene el deber de hacer la clase interesante; pero mucho pueden ayudar los miembros de la clase con una actitud de interés y cooperación. La indiferencia o rebeldía cortan en muy poco tiempo cualquier inspiración que el maestro haya tenido.

Preparar la mente

En el aula se puede aplicar el mismo principio de pedagogía que se trató en el capítulo anterior con respecto al estudio particular. Es decir, si uno va a la clase sin pensar en lo que se va a tratar, su mente no va a estar preparada para concentrarse en el tema. Y así se pierden los primeros minutos de la clase.

Para comprobar que es así, fíjese en su próxima clase que algunos no tendrán sus libros abiertos ni sus mentes puestas en el tema cuando empiece la clase. Se puede saber que no tienen sus mentes en el tema por la expresión del rostro. Puede ser que el maestro tenga que hacer una pregunta a algunos para que presten atención a la clase.

¿Cómo puede preparar la mente para comenzar bien la clase? Puede hacerse preguntas como las siguientes: ¿Qué vamos a estudiar hoy? ¿Por qué? ¿Cuál fue el asunto que no pude entender bien en mi estudio particular? ¿Qué punto iba a presentar a la clase, que me sirvió de inspiración?

Hacer apuntes

Entre los efectos escolares imprescindibles que debe llevar al aula, figura el cuaderno. Pero no basta llevarlo solamente; el cuaderno sirve solamente cuando se llena de apuntes cuidadosa e inteligentemente tomados en la clase. Hay tres maneras en que el tomar apuntes en la clase puede ser una ayuda valiosa al estudiante:

Primero, uno tiene un registro de lo que se trata en la clase para poder referirse a ello en el día de mañana. Los profesores casi siempre presentan datos e información en la clase, que no se encuentran en el libro de texto. Además, relatan cosas de su experiencia personal, que sirven para enriquecer e ilustrar las verdades bajo estudio. Sin duda, va a tener la ocasión de querer recordar algunas de estas cosas en el futuro, y si las tiene por escrito, le servirá de gran ayuda. (Y pudiera ser que ese futuro no sea tan lejano si tiene que prepararse para un examen.)

Muchos pueden testificar cómo después de estar fuera del instituto, sus cuadernos les sirvieron de inspiración. Releerlos después de pasar mucho tiempo es casi volver a estudiar en el instituto.

Dicho sea de paso, aparte de tener un cuaderno para cada asignatura, es una gran bendición tener uno para tomar apuntes de los mensajes dados en los cultos. Los que siguen esta práctica, afirman que después tienen una mina de riquezas espirituales. También cuando toman notas, han visto que pueden concentrarse mejor en el mensaje, y así Dios obra más profundamente con sus vidas.

La segunda razón por qué uno debe tomar notas es que el mismo hecho de escribir una cosa ayuda a grabarla en la mente. Dicen los pedagogos que una ley del aprendizaje es la repetición. Y si después de oír una cosa la escribimos enseguida, la estamos repitiendo. Así será más fácil recordarla más tarde.

Una tercera manera en la cual el tomar notas en clase sirve de utilidad es que nos ayuda a mantener la mente en el «hilo» de la clase. A veces uno tiene dificultades en concentrar la mente en el tema, ya sea por el calor, por los pensamientos ajenos, por el sueño o por otra cosa. Pero el ocuparse en tomar apuntes hace que la mente esté más ocupada y así no puede ir vagando en otros asuntos tan fácilmente. ¿Quién ha visto a un dormido escribiendo?

Maneras de tomar apuntes

Ahora, surge el problema de saber la mejor manera de tomar apuntes. Podemos ofrecer cuatro sugerencias.

La *primera*: hay que ser breve; no se puede ni pensar en escribir todo lo que se dice en una clase. Es humanamente imposible escribir con la misma velocidad con que se habla. Y tampoco es necesario. Se puede escribir en pocas palabras la esencia de lo que se habla sin perder nada de importancia; hay que cultivar un estilo de «telegrama»; pierda el temor de omitir palabras y de cortar frases redundantes. Recuerde que las notas que toma no son para publicar en alguna revista, sino para su uso particular.

La *segunda* cosa que hay que tener presente está relacionada con la primera: es preciso escoger solamente lo más importante de cada pensamiento. No olvide que todas las cosas dichas en clase no tienen el mismo valor ni importancia; la mente tiene que aprender a seleccionar lo que es central y básico.

Puede ser que tenga dificultad en hacer esto al principio; pero si persiste en procurarlo, verá que con el tiempo la mente llegará a hacerlo con más facilidad. Si pudiéramos acostumbrarnos a discernir lo importante y lo que no tiene importancia en cada cuestión de nuestras vidas, evitaríamos muchos problemas.

La *tercera* sugerencia para tomar apuntes es que se ponga a inventar un método propio de taquigrafía. Desde luego, lo más eficaz sería estudiar un buen método comercial de taquigrafía; pero si no lo puede hacer, no se desespere. Con un poco de ingenio y práctica, podrá ir desarrollando un sistema que le servirá bien.

Hay varias cosas que se hacen. Por ejemplo, se pueden omitir las letras vocales de las palabras. Se sorprenderá lo fácil que es entender lo que escribe aunque haya omitido todas las vocales.

Otra cosa que puede hacer es escribir solamente la letra inicial de una palabra, si se emplea con mucha frecuencia. Supongamos que en una clase de doctrina se habla de la doctrina de los ángeles; en vez de escribir la palabra «ángeles» completamente, ponga nada más que la letra «a». Verá que la concordancia de la Biblia emplea esta idea y economiza mucho tiempo y espacio.

Puede usar también varios símbolos para representar palabras o ideas enteras. En vez de escribir la palabra *cruz*, se puede poner una cruz; una tilde puede representar cualquier cosa que se emplea con frecuencia en la clase.

En todo esto hay que tener cuidado de no inventar muchas cosas nuevas a la vez. Tiene que ir acostumbrándose a cada símbolo o invento que haga. Si se pone a usar muchas cosas nuevas de un solo golpe, va a olvidar lo que quería decir cada cosa y en vez de ayudarle, saldrá tan enredado que no entenderá nada. Decida sobre un símbolo y vaya usándolo por un tiempo hasta que lo aprenda bien. Después, puede inventar otro.

La *cuarta* sugerencia que vamos a dar en este asunto de tomar notas es que cuanto más pronto se pasan en limpio, mejor. Con el problema de tratar de participar en la clase y tomar notas a la vez, cabe la posibilidad de que se le vaya algo. También, con el apuro a veces uno no escribe muy claro y si se deja por mucho tiempo, uno mismo no puede entender lo que ha escrito. Hasta los taquígrafos de mucha experiencia dicen que es así.

Algunos tienen la costumbre de pasar en limpio los apuntes algunos días antes de un examen para así aprovechar el trabajo dando un repaso. Esta idea no es mala si se sabe cuándo se va a dar el examen.

Hacer preguntas

En este capítulo hemos tratado varios puntos con la idea de ayudarle a aprovechar mejor el tiempo pasado en el aula. Ahora vamos a agregar una cosa valiosa que debe ser una herramienta usada continuamente en el aula: la pregunta.

Cuando entre en el aula, arroje el miedo por la ventana. Se supone que ha venido para aprender; si ya lo hubiera sabido todo, no habría tenido la necesidad de venir a estudiar. Es absolutamente imposible aprender una cosa sin comprenderla. Pues pregunte, sin pena, sobre lo que no entiende o lo que quiere saber del asunto que se trata. Puede ser que los compañeros le digan preguntón; pero más vale aprender, aun a costa de risas, que seguir ignorando lo que vino a aprender.

El profesor se alegra, por lo general, cuando los alumnos tienen tanto interés que hacen preguntas en la clase. Eso le ayuda muchas veces a ver si ha enseñado bien o no. Como él ha estudiado la materia en muchas otras ocasiones, y probablemente ha dado la misma clase en otros años, fácilmente se le escapa algún detalle que les es necesario a los alumnos para comprender la materia cabalmente.

La pregunta sirve además para enriquecer el estudio en el aula porque a veces lo que pregunta uno despierta una idea u otra pregunta en la mente de otro, y entre todos salen muchas ideas provechosas que a nadie se les hubiera ocurrido independientemente. Es por eso que muchas veces hay más ventaja en dar una clase con otros, que estudiar la misma materia en clases particulares.

El refrán: «El que boca tiene a Roma llega», puede aplicarse al estudio en el aula. Recuerde que la pregunta puede ser un gran vehículo del aprendizaje. Empléela con frecuencia.

Practicar la cortesía

Hay una cosita que mencionamos ahora para finalizar estas ideas sobre el estudio en el aula. Es lástima que se tenga que hablar de esto; pero parece que todos llegamos a ser descuidados a veces, y hace falta que se nos recuerden algunas cosas para renovar la vigilancia sobre nuestra manera de ser.

Si la urbanidad se debe observar en el despacho de un alto funcionario o en el comedor, no hay razón por qué no debe regir en el aula también. La consideración hacia los demás es una virtud que el hombre lleno del Espíritu Santo ha de revelar en todo momento.

Iniciemos una campaña en contra de esas faltas de cortesía en el aula, tales como: interrumpir al que tiene la palabra, la conversación particular dentro de un grupito, el cerrar los libros al tocar el timbre aun cuando el maestro no ha despedido la clase todavía, el no dirigirse al maestro con el respeto debido, el salir sin permiso. ¡Abajo con todo lo que no sea digno de un caballero!

Resumen

Para resumir, diremos que para sacar más provecho del tiempo pasado en el aula, se deben observar los siguientes consejos:
1. Preparar la mente antes de que empiece la clase.
2. Prestar verdadera atención en la clase e interesarse en el tema.
3. Tomar apuntes con fidelidad y sabiduría.
4. Preguntar para aprender.
5. Tener consideración hacia los demás.

CAPÍTULO 16

CÓMO HACER UN BOSQUEJO

¿Qué es un bosquejo?

En el instituto, todo el mundo habla de bosquejos. Se oye de bosquejos de doctrina, bosquejos de la homilética, bosquejos de epístolas. En fin, por dondequiera los bosquejos sirven de temas de conversación. ¿Qué cosa es un bosquejo? ¿Para qué sirve?

Podemos compararlo con el esqueleto del cuerpo humano. Es lo que le da forma al cuerpo. Con solamente estudiar un esqueleto, hay hombres de ciencia que pueden dar una descripción de cómo era la persona.

Se puede comparar también con el plano de una obra de construcción. El plano no indica cada ladrillo que llevan las paredes del edificio. Sin embargo, ayuda a saber cómo va a ser porque da los rasgos de la obra. De la misma manera el bosquejo es lo que traza los rasgos de una composición escrita u oral.

¿Para qué sirve?

El bosquejo es algo indispensable para el estudiante por muchas razones. En primer lugar, le da los rasgos de una composición. Con un solo vistazo al bosquejo, el estudiante puede captar la idea del tema entero. Y si uno tiene una idea general de la cosa, le ayuda a comprender la relación que lleva cada detalle con el tema completo.

El bosquejo también es útil porque es un medio bueno para organizar los pensamientos y desarrollar el tema. Es fácil meterse en un laberinto de ideas al ponerse a tratar algún tema; pero es mucho más difícil encontrar una salida.

En otras palabras, no basta con tener ideas muy buenas. Para que se aprovechen, tienen que estar organizadas y presentadas en forma clara y razonable. Allí es donde el bosquejo presta su ayuda valiosa.

En tercer lugar, el bosquejo se presta para aprender de memoria una serie de datos y asuntos. Si uno puede recordar un número reducido de puntos principales, con más facilidad podrá recordar pormenores. Por ejemplo, con solo mencionar el nombre de una ciudad donde uno ha vivido, enseguida le vienen a la mente cosas que sucedieron en ese lugar. Y con mencionar un punto principal de lo que se está aprendiendo de memoria, enseguida vienen a la mente los pormenores que se estudiaron con respecto a dicho punto.

Aunque se pueda inferir la cuarta manera en que el bosquejo ayuda al estudiante, por lo que ya se ha dicho, la mencionamos aquí por la importancia que tiene. Un buen bosquejo indica con suma claridad lo que es importante, y lo que es de un valor secundario; le ayuda a uno a «ir al grano» del asunto. Si se puede apreciar lo vital de una cuestión y lo de poca importancia, ya la mitad del problema está resuelto.

División del tema en puntos principales

Habiendo captado una idea de lo que es un bosquejo y para qué sirve, vamos ahora a considerar cómo se hace. Puede ser que al empezar se encuentre con dificultades para elaborar uno; pero no le tome miedo. Dentro de poco, verá que el bosquejo llegara a ser su amigo al igual que el plano del edificio es amigo del ingeniero.

Para hacer un bosquejo, el primer paso es la división del tema o idea central en varios tópicos o «subtemas» que sean más o menos de la misma importancia. ES IMPOSIBLE HACER UN BUEN BOSQUEJO si no se hace esto primero. No hay ningún tema que no se pueda dividir en varias clasificaciones. En la clase, el profesor les pondrá algunos temas en la pizarra para que vayan practicando las maneras en que se pueden dividir.

Si no puede dividir el tema central fácilmente, hay una manera que le puede servir de ayuda: escriba en un papel todos los puntos o ideas que tenga con respecto al tema central. Después de hacer la lista, debe analizarla para ver en qué se parecen los puntos unos a otros. Busque varias categorías o clasificaciones generales entre las cuales se puede dividir la lista completa. Esas categorías son los puntos, o sea, las divisiones principales de su bosquejo.

Revisión de los puntos principales

Sin embargo, antes de proceder, debe siempre revisar los puntos principales, puesto que son la base principal del bosquejo. Evite la repetición de la misma idea con otras palabras. Por ejemplo, si vamos a sacar un bosquejo de la vida de Jesucristo, y ponemos como el primer punto «su nacimiento», y como segundo punto «la venida del Hijo de Dios a este mundo», lo que hemos hecho es repetir exactamente la misma idea en otras palabras. Esos puntos no son dos, sino uno, y se tienen que combinar en una sola división del bosquejo.

Otra cosa que hay que ver en la revisión de los puntos principales, es que todos tengan más o menos la misma importancia. Ningún punto principal puede estar subordinado a ningún otro, sino solamente al tema central. Por ejemplo, en el mismo caso de un bosquejo de la vida de Jesús, supongamos que uno de los puntos principales es «su nacimiento». Si ponemos como otro punto principal «el mensaje de los ángeles a los pastores», el bosquejo no está bien hecho porque el segundo punto no tiene el mismo valor que el primero. Al contrario, es un punto subordinado al primero, porque es un acontecimiento que sucedió entre varios que tuvieron que ver con el nacimiento de Cristo.

No se puede fijar el número exacto de puntos principales que debe tener un bosquejo. Eso depende completamente de la naturaleza del tema, del estilo del autor, y de la profundidad con que se trate.

Para que resalten los puntos principales, se escriben más hacia la izquierda que los demás del bosquejo, y se indican con números romanos.

Hacer las subdivisiones

Después de tener los puntos principales en orden y revisados, se puede decir que tiene hecho un bosquejo; aunque, claro, no está muy detallado. Si desea darle más detalles, lo único que hay que hacer es preparar un bosquejo pequeño de cada punto principal que acaba de hacer.

Empiece con el primer punto principal y olvídese por el momento de los demás. Hágase la idea de que ese primer punto principal es el tema de un bosquejo y que hay que sacar los puntos de ese tema. Proceda escribiendo todos los puntos que tienen que ver con el punto principal, mirando que sean de igual importancia. Después revíselos y elimine cualquier repetición que haya entre los puntos.

A los puntos que acaba de arreglar se les llama «subdivisiones». Como no tienen la misma importancia que las divisiones principales, se escriben con mayor margen, o sea, se corren unos cinco espacios hacia la derecha. Y para distinguirlos aun de otra manera se enumeran con letras mayúsculas.

Siguiendo el supuesto caso del bosquejo de la vida de Jesús, tendríamos algo así:

Tema central: LA VIDA DE JESUS
I. Su nacimiento.
    A. El mensaje del ángel a María.
    B. El mensaje del ángel a José.
    C. El viaje de José y María a Belén.
    D. La visita de los pastores.
    E. La visita de los magos.
    F. La huida a Egipto.

Después de terminar con las subdivisiones del primer punto principal, se procede de la misma manera con el segundo punto principal, y así sucesivamente con cada división principal hasta terminar el bosquejo.

Nueva revisión

Cuando está terminado el trabajo, conviene hacer una revisión general del bosquejo entero. Los puntos principales deben todos referirse al tema central y estar subordinados a él; aunque no tienen qué relacionarse los unos a los otros. Con leer las divisiones principales, sin fijarse en las subdivisiones, se debe poder comprender perfectamente bien el desarrollo de la idea central.

De igual manera, todas las subdivisiones tienen que referirse al punto principal que les corresponde; pero no hay necesidad de que se relacionen una a otra. Por ejemplo, en el caso del bosquejo de la vida de Cristo, todas las subdivisiones son una parte del nacimiento de Cristo; pero la huida a Egipto (F) no tiene relación intima con la visita de los magos (E), ni con el mensaje del ángel a María (A).

Uso de incisos

Muchas veces hay un número nutrido de datos e información que deben incluirse en el bosquejo. Siendo así, se procede con las divisiones de las subdivisiones. No se debe hacer ningún inciso de una subdivisión hasta no tener completadas todas las subdivisiones. Esto es importante.

Tenga presente que en la preparación de los incisos, lo que está haciendo verdaderamente es un bosquejo en miniatura; se está dividiendo el tema de una subdivisión. Estos incisos se numeran con números árabes, y se dejan cinco espacios más a la derecha de las subdivisiones.

Si se presenta la necesidad de hacer divisiones de los incisos, se hace sin dificultad. Estas se ponen a cinco espacios más para la derecha y se numeran con letras minúsculas.

Modelo para bosquejos

A continuación damos un modelo de la numeración de las divisiones de un bosquejo:

<h2 style="text-align:center;">Tema o Título</h2>

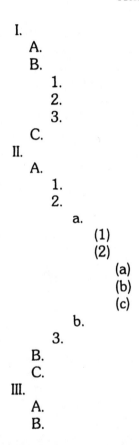

I.
   A.
   B.
      1.
      2.
      3.
   C.
II.
   A.
      1.
      2.
         a.
            (1)
            (2)
               (a)
               (b)
               (c)
         b.
      3.
   B.
   C.
III.
   A.
   B.

Qué hacer con un solo punto

Puesto que el hacer una división de un asunto significa que hay varias cosas que se pueden separar, carece de lógica hacer una división de un solo punto. Es como una naranja, cuando se parte tiene que haber más de un sector, si no, no hay división. De modo que, en el bosquejo habrá más de un punto principal. No puede haber una subdivisión «A» sin que haya tamoién «B». No es lógico tener un inciso «1» sin tener «2».

Posiblemente, estará preguntando qué se hace entonces si hay una sola cosa de importancia que se debe agregar a una división o subdivisión. Hay dos maneras de resolver el problema. Si la subdivisión es importante seguro que hay más de un solo detalle que se debe agregar, y se le busca otro detalle para justificar la división. Pero si una sola cosa interesa, es muy fácil incorporarla en el punto general. Por ejemplo, si está haciendo un bosquejo de la vida de Jesús y ha escrito lo siguiente:

    A. Lugar de nacimiento
       1. Belén
    B. Visitas que recibió

Puede incorporar la idea de que el lugar del nacimiento fue «Belén» en la subdivisión «A», diciendo:

    A. Nació en Belén
También se podría decir:
    A. Lugar de nacimiento: Belén

Bosquejo para los escritos de otros

¿Ha ido a una ciudad grande alguna vez? ¿Se acuerda cómo se sentía completamente desorientado y perdido en los primeros días? Las calles parecían andar por todas partes, y a veces creía que iba hacia el norte, cuando la verdad era que iba hacia el sur. En una ciudad grande es muy difícil formarse una idea mental de la ciudad entera. Claro que con el tiempo, si sale mucho, se va formando una idea de la relación de una parte con otra de la ciudad; pero si uno mira un plano o mapa de la ciudad en el principio, podrá captar en poquitos minutos una idea general de la metrópoli sin tener que esperar salir varias veces.

Y así es con el estudio de lo que otro ha escrito; a veces uno cree que está en un laberinto de ideas sin salida; y si pasa mucho tiempo y trabajo, llegará a familiarizarse con la materia. Pero no se saben los problemas y demoras que se pueden evitar si uno se detiene un poquito para hacer un bosquejo de la materia. Así se ve que las cosas que ni parecían tener conexión alguna con otras, de repente se relacionan, y dentro de poco se llega a comprender el plano o forma de la cosa como una entidad.

Elaboración similar a la del bosquejo original

¿Cómo puede, entonces, hacer un bosquejo de lo que otro ha escrito? Se procede casi de la misma manera que se hace con un bosquejo de una composición original. La mayor diferencia está en que tiene que seguir el «hilo», o sea, el orden de desarrollo del tema que ha seguido el autor. No diga: ¿Cuáles son (según mi opinión) los puntos principales de este tema? Pregunte: ¿Cuáles son los puntos principales que el autor tenía en mente al escribir esto?

Teniendo esto presente, puede proceder como hizo para hacer un bosquejo original. ¿Cuál es la primera cosa que hay que hacer en la preparación de un bosquejo? Se sacan antes que nada los puntos principales en que se divide el tema.

Y como hizo una lista de ideas que posiblemente tenían importancia suficiente para ser puntos principales, ahora debe hacer una lista, siguiendo el desarrollo del autor, de los temas generales que este parece tratar. Esto es esencial. Si no se hace, es difícil llegar a establecer claramente cuáles son los puntos principales.

Si tiene dificultades en hacer esto, le servirá de ayuda el confeccionar una lista de los temas de cada párrafo. Lea el primer párrafo y decida cual es el tema central que tiene. Escriba ese tema en la lista y siga con el próximo párrafo. Cuando termine este trabajo, tendrá todos los temas que se tratan en la composición puesto que la división en párrafos indica un cambio de tema.

Después de hecha la lista, hay que analizar los temas a ver si uno tiene alguna relación con otro. Es deseable reducir el número de puntos principales a un mínimo para poder formar las áreas generales que se tratan en el escrito. Esto se aplica lo mismo a un escrito moderno que a la Biblia u otro libro de la antigüedad.

Ahora se pueden poner los puntos principales. Revíselos de nuevo para estar seguro que todos tengan más o menos la misma importancia y que no se repita el mismo tema en otras palabras.

Para hacer las subdivisiones, se hace una lista de los temas bajo el primer punto. Es como si estuviera empezando otro bosquejo, pero sobre el tema del punto primero, nada más.

Después de tener las subdivisiones del primer punto principal, se prosigue de la misma manera con el segundo, y así sucesivamente hasta terminar.

Resumen

El bosquejo es lo que traza los rasgos de una composición escrita u oral.

Puede servir de gran valor porque:

1. Da una idea de lo que se trata en la composición.
2. Ayuda a organizar y desarrollar una serie de pensamientos sobre un tema central.

3. Facilita la manera de aprender de memoria una serie de asuntos.
4. Indica lo que es más importante de un tema.

Se hace un bosquejo haciendo primeramente los puntos principales, y después las subdivisiones, y luego los incisos subsiguientes, si es necesario.

La verdad del caso es que no es tan difícil hacer un bosquejo como parecía en el principio. Y el beneficio que se deriva es inestimable.

A fin de cuentas

Ha terminado esta asignatura. Revise ahora los propósitos que tenía en estudiar esta clase. ¿Ha cultivado su vida espiritual? ¿Ha mejorado su capacidad intelectual?

Alégrese por todo lo que ha ganado; pero recuerde que podrá ir creciendo durante toda su vida. No deje de esforzarse nunca. Siga hacia la meta.

PARTE II

GUÍA PARA EL ESTUDIO DE ORIENTACIÓN
Luisa Jeter de Walker

BOSQUEJO DE LA ASIGNATURA CON DISTRIBUCIÓN POR DÍA

Los capítulos indicados son de la primera parte de este libro.

DÍA #1

I. Antes de la clase

Para cada día el alumno hallará instrucciones aquí para la preparación de la lección. Lo indicado en esta sección es tanto para los que estudian por correspondencia como para los que están en un instituto diurno o nocturno. Para ayudarle a llevar el registro, se ha puesto al lado de cada tarea asignada un espacio en blanco: _____. Cuando el alumno haya hecho el trabajo, pondrá una «X» en el espacio en blanco: __X__ .

    A. Si no ha leído aún el capítulo 1 en la primera parte del libro, léalo ahora. Cuando lo haya leído, ponga una «X» en el espacio en blanco al lado de la «A».

_____B. El autor de *Hacia la Meta: Orientación en los estudios* es Floyd C. Woodworth. Cuando enseñaba este curso él tenía los siguientes objetivos para sus alumnos. Revíselos cuidadosamente.
1. Impresionar al alumno con la importancia de la vida espiritual del instituto.
2. Infundirle confianza al estudiante.
3. Familiarizarle con las reglas y con todos los aspectos de la vida en el plantel.
4. Ayudarle en sus problemas de adaptación a la vida nueva.
5. Ayudarle en los conflictos internos de su propia personalidad.
6. Enseñar a cada alumno a estudiar de tal manera que aprenda lo máximo posible en un mínimo de tiempo.
7. Fomentar una relación fraternal entre profesor y alumno.

_____C. En el capítulo 1 el autor está tratando de lograr dos de estos objetivos en particular. ¿Cuáles son? Si no está seguro, lea de nuevo los objetivos, entonces repase rápidamente el contenido del capítulo 1. Ahora ponga un círculo alrededor de los números correspondientes a los dos objetivos que el autor quería lograr en la lección para hoy.

_____D. Su profesor tiene los mismos objetivos u otros similares para este curso. Desea ayudarle. Pero es imposible darle ayuda a una persona a menos que ella esté dispuesta a recibirla. ¿Verdad? De modo que, al alumno le corresponde formar sus propios objetivos para que pueda recibir la ayuda máxima que este curso le puede proporcionar. Basán-

donos en los objetivos del instructor, vamos a ver
cuales serían los del alumno.

1. Apreciar la importancia de la vida espiritual en
   el instituto.
2. Vencer el temor a los estudios, la timidez y la
   desconfianza, cultivando la confianza plena en
   la ayuda del Señor que me hará triunfar.
3. Familiarizarme con las reglas y con todo aspecto
   de la vida en el instituto bíblico.
4. Vencer todos los problemas de adaptación a
   mi nueva vida estudiantil.
5. Comprender mejor los conflictos internos de
   mi propia personalidad para llevar una vida
   cristiana victoriosa.
6. Aprender a estudiar de tal manera que aprenda
   lo máximo posible en un mínimo de tiempo.
7. Apreciar a mis profesores como hermanos en
   Cristo y cultivar su amistad.

¿Cuáles de estos objetivos propuestos para el alumno
quisiera adoptar como suyos para este curso? Haga un
círculo alrededor del número correspondiente a cada uno
que realmente desea lograr.

E. Cuando uno va a estudiar una materia, es importante que tenga una idea general del contenido antes de empezar el estudio de los detalles.
Por lo tanto, el primer capítulo y los objetivos dan
una idea del contenido de esta asignatura. Al principio de esta segunda parte del libro habrá nota-
do un bosquejo de lo que va a estudiar y qué día
le corresponde a cada tema. Léalo ahora.

F. Los objetivos del instituto bíblico para el alumno se pueden resumir en pocas palabras: Creci-

miento en todas las áreas de su personalidad y de su obra. Estas áreas se indican en el gráfico acompañante. Cierre los ojos y nómbrelas. Ore que Dios le ayude a crecer en las esferas indicadas, si es que lo desea. ¿Está dispuesto a hacer lo necesario para lograrlo?

II. En la clase

Esta sección cada día puede variarse a la discreción del maestro.

A. Si por algún motivo los alumnos no han tenido la oportunidad de preparar la lección antes de esta primera clase, el profesor les mostrará cómo usar la Guía para el Estudio. Pueden leer por turno toda la lección y hacer juntos los ejercicios indicados.

B. Si tuvieron tiempo para preparar la lección de antemano, tome los primeros minutos de la clase (no más de 10) para que cada alumno se presente y diga de dónde es. Algunos pueden dar un testimonio breve de cómo Dios les abrió el camino para venir al instituto.

C. El maestro trazará un círculo en el pizarrón con las divisiones indicadas en el gráfico sobre el crecimiento. Pida a cinco voluntarios que pasen al pizarrón a poner en cada sector del círculo el nombre de la clase de crecimiento que se desea.

D. El maestro dirigirá a los alumnos en un intercambio de opiniones sobre la clase de crecimiento necesaria en cada área y cómo este curso de orientación puede contribuir a ese crecimiento. Para esto pueden referirse a los objetivos del curso.

E. Oración especial por la buena adaptación de todos a la vida estudiantil y una nueva consagración a Cristo para ser fiel a todo costo.

III. Adaptación para el curso por correspondencia

Todos los días el que estudia por correspondencia seguirá las instrucciones dadas en esta sección III en lugar de la sección II para la clase. Si puede conseguir un compañero de estudio para que hagan el trabajo juntos, será más interesante. A medida que vaya haciendo lo indicado, ponga una «X», u otra señal, al lado de la tarea, tal como hizo en la sección I.

_____ A. En sección I (antes de la clase), tarea C, seleccionó los dos objetivos que el autor de este libro quiso lograr en el primer capítulo. Mírelos ahora. ¿Acertó los números 2 y 4? _____ (Sí o no). Léalos de nuevo.

_____ B. Por lo general el tiempo de clase es de cincuenta minutos, en el instituto bíblico. Se calcula que el alumno debe pasar en preparación para una clase un mínimo de cincuenta minutos, y aun hasta el doble si es necesario, para dominar la materia. Esto sería de cincuenta minutos hasta _____ hora y _____ minutos (llene los espacios). ¿Más o menos cuánto tiempo se ocupó en los trabajos indicados en I. ¿ANTES DE LA CLASE? Escríbalo aquí _____.

C. Puesto que las actividades en la sección III son para tomar el lugar de las actividades de una clase de cincuenta minutos, ¿cuánto tiempo cree que ocuparán, por lo general? _____. En verdad esto varía grandemente. A veces llevarán muy poco tiempo y a veces le pueden costar varias horas. A veces podrá hacerlas solo y a veces tendrá que buscar la ayuda de su supervisor de estudio. Lo importante es que aprenda bien cada lección. Es posible que por lo general pase de dos a tres horas en el trabajo correspondiente a cada día en la Guía para el Estudio. Puede tomar todo el tiempo que necesita. No tiene que hacerlo todo en un día si es demasiado largo y el tiempo apremia. Sin embargo, no vaya dejándolo de un día para otro hasta perderle el interés. Esta demora es muy peligrosa en los cursos por correspondencia.

Busque ahora en el capítulo 1 de este libro la parte que dice: Pruebas por correspondencia. Léalo de nuevo.

D. Junto con este curso recibió una planilla para llevar el registro de cumplimiento con las tareas diarias. Esto es para llevar el registro del trabajo que ha hecho en cada lección. No lo pierda porque habrá que enviarlo a su maestro en la Escuela Bíblica por Correspondencia. Si no comprende cómo usarlo, puede llevarlo a su supervisor para que le dé una explicación. Bajo el encabezamiento: Horas de Estudio, pondrá aproximadamente el tiempo total que ha pasado en esta lección. Esto no influye en su nota si es más o menos tiempo, pero es de interés para usted y para el maestro ver cuánto tiempo requiere cada lección.

En los cuadritos siguientes en el primer renglón (correspondiente al DÍA #1) pondrá una «X» debajo de la letra de cada tarea que hizo para esta lección, primero en la sección I (ANTES DE LA CLASE) y después en la sección III (ADAPTACIÓN etc.) Llene su registro para el primer día con lápiz.

_____ E. Lleve su registro al supervisor que se le ha asignado para este curso. Converse con él sobre los motivos que Ud. tiene para tomar este curso y los objetivos que espera alcanzar en él. Muéstrele el registro y pídale que ponga sus iniciales al lado del renglón correspondiente al primer día. Esto es su «visto bueno». Si tiene algunas preguntas sobre el sistema o sobre el curso, hágaselas con toda confianza.

Quizás a veces querrá realizar una de las actividades opcionales, o una de las que se han indicado para la clase. No se requiere esto, pero si hace uno de estos trabajos adicionales, puede escribir al pie del registro el número del día, el de la sección, y la letra correspondiente a la tarea.

Por ejemplo, en la lección de hoy se fija en las actividades para la clase y dice respecto a lo indicado por E: «Yo también voy a orar por los alumnos nuevos en el instituto para que el Señor les ayude a vencer la nostalgia. Y pediré la ayuda del Señor para cumplir fielmente con los requisitos de este curso. Me consagraré de nuevo a él para prepararme para servirle mejor.» Hace esto, no porque nadie le haya obligado a hacerlo, sino porque le nace del corazón. Ya está empezando a sacar provecho espiritual del curso. Está creciendo espiritualmente al ver la necesidad de otros y al orar por ellos. Le interesa a su maestro y al supervisor saber que está sacando este provecho adicional. ¿Cómo lo indicaría? Pondría 1 por el día, II por la sección, y E por la tarea. Así: 1IIE.

DÍA #2

I. Antes de la clase

    A. Lea el capítulo 2 en *Hacia la Meta: Orientación en los Estudios.*

    B. Escriba su testimonio sobre el tema siguiente: «Por qué estudio en el Instituto Bíblico.» (Los alumnos que estudian por correspondencia escribirán sobre: «Por qué estudio en este curso.») Este testimonio es para su archivo personal en el instituto; no se le devolverá. No tiene que ser muy largo.

    C. Ore por la ayuda del Señor en sus estudios y en la adaptación que tiene que hacer a la vida estudiantil. Ore especialmente por el crecimiento espiritual.

II. En la clase

    A. Entregar los testimonios escritos.

    B. Considerar las actividades en el instituto que contribuyen al crecimiento espiritual y cómo sacar el mayor provecho de las mismas.

III. Adaptación para el curso por correspondencia

_____A. Lea de nuevo el capítulo 2 para observar cuales de estas oportunidades para el crecimiento espiritual usted tiene. Subraye las actividades que practica actualmente.

_____B. Haga una lista de las actividades espirituales que tienen en el instituto que piensa iniciar de alguna forma, por ejemplo: «Oración diaria por la obra misionera en distintas partes del mundo.» «Celebrar un tiempo regular de ayuno y oración.» Escriba esta lista en el cuaderno que usará para sus tareas bajo el título: «Actividades para mi Crecimiento Espiritual.» Si desea, puede incluir en la lista las que ya está practicando y dividirla en dos partes con los títulos: «Actividades que ya practico» y «Actividades nuevas».

_____C. Envíe a la Escuela Bíblica por Correspondencia, en el sobre provisto para ello, el testimonio que escribió.

IV. Actividades opcionales

Las actividades en esta sección pueden asignarse a discreción del profesor. A veces querrá seleccionar algunas de ellas para hacer juntos en la clase. Repartirá otras entre los alumnos. Y a veces el tiempo no alcanzará para ninguna de ellas. Son una parte de las sugerencias del autor, Floyd Woodworth, para este curso de orientación. (Algunas de las otras actividades en esta Guía también son sugerencias suyas.)

A. Escriba una composición sobre el papel que hace la Palabra de Dios en el éxito de un estudiante bíblico.

B. Prepare con tres compañeros una mesa redonda sobre el tema: «El ayuno y la oración en la vida de un ministro.»

C. Prepare un breve mensaje de dos minutos sobre la intercesión en la vida del cristiano.

D. Escriba un párrafo sobre la necesidad que un estudiante tiene de mantener una fe viva en Dios.

E. Escriba su testimonio de cómo Dios le ayudó a ver en alguna ocasión la importancia de las cosas espirituales y el poco valor de las materiales.

F. Prepare con varios condiscípulos una representación enseñando cómo las cosas materiales y el deseo de adquirir más de ellas puede destruir el ministerio de un Pastor o evangelista.

DÍA #3

I. Antes de la clase

_____ A. Lea el capítulo 3 de *Hacia la Meta: Orientación en los Estudios*. (El que estudia por correspondencia omitirá B, C y D.)

_____ B. Estudie las reglas del instituto bíblico.

_____ C. Estudie el horario del instituto.

_____ D. Prepárese para hacer cualquiera de las actividades que el maestro seleccione de la sección IV. ACTIVIDADES OPCIONALES.

II. En la clase

A. Asígnense para la próxima clase los informes sobre los maestros.

B. Celébrese un intercambio de ideas en cuanto al horario, cómo podría mejorarse, las ventajas y desventajas del arreglo actual, lo que hay que tomar en cuenta al hacer el horario para las clases.

C. Selecciónense algunas actividades de la sección IV para tratar el porqué de las diferentes reglas.

III. Adaptación para el curso por correspondencia

_____A. Haga un horario para su propio día, incluyendo tiempo para la oración, el trabajo y los estudios. Llévelo a su supervisor para ver si él tiene sugerencias. A continuación se da un horario típico de un instituto bíblico donde muchos de los alumnos salen a trabajar medio día para costear sus gastos.

6:00 a.m.	Levantarse
6:25-6:55 a.m.	Lectura bíblica y oración particular.
7:00-7:15 a.m.	Desayuno
7:15-7:40 a.m.	Tareas domésticas
7:45-8:35 a.m.	Primera clase
8:40-9:30 a.m.	Segunda clase
9:35-10:15 a.m.	Culto de capilla
10:20-11:10 a.m.	Tercera clase o período de estudio en la biblioteca.
11:15 -12:05 p.m.	Cuarta clase o período de estudio
12:10-12:40 p.m.	Almuerzo

1:00-5:00 p.m.	Trabajo para los que salen a trabajar. Para los que quedan en el instituto hay una hora de descanso, trabajo y un tiempo de estudio.
5:00-6:00 p.m.	Tiempo libre, aseo personal, etc.
6:00-6:30 p.m.	Comida
6:30-7:00 p.m.	Tiempo libre
7:00-9:15 p.m.	Estudio
9:15-9:45 p.m.	Oración
9:45-10:00 p.m.	Alistarse para la cama
10:00 p.m.	Luces apagadas. Silencio.

___ B. Las reglas de la Escuela Bíblica por Correspondencia son pocas:
1. Cumplir fielmente con el trabajo asignado para cada lección.
2. Hacer exámenes sin fijarse en el libro, en el cuaderno o en cualquier apunte, y sin recibir ayuda de nadie. (Si lo hace bajo la dirección de un supervisor, este le puede aclarar el significado de alguna pregunta, pero no le puede ayudar con la respuesta.)
3. No mostrar el examen a otros que estén cursando la materia o piensen hacerlo.
4. No copiar el trabajo de otro, ni permitir que otro copie el suyo en las tareas diarias.

¿Le parecen lógicas estas reglas? ¿Son para su aprovechamiento? Si es así, firme la promesa siguiente: Prometo cumplir con las reglas de la Escuela Bíblica por Correspondencia.

_____
Firma

IV. Actividades opcionales

A. Escriba algunas reglas que Ud. propondría agregar a las actuales si fuera miembro de la comisión de disciplina del plantel. ¿Cuáles de las actuales suspendería? ¿Por qué?

B. Dado el caso imaginario que tiene un compañero que está disconforme con una regla, ¿qué argumentos presentaría para convencerlo que esa regla es útil?

C. Escriba un párrafo sobre la actitud que uno debe asumir con relación a las reglas.

D. Explique por qué las reglas no son en sí un fin, sino un medio hacia un fin deseable.

DÍA #4

RELACIONES CON NUESTROS SEMEJANTES

I. Antes de la clase

A. Estudie los capítulos 4 y 5 en *Hacia la Meta*.

B. Haga una lista de cinco principios de la urbanidad donde se vea que la base es la consideración para los demás.

C. Prepare una lista de las características que el estudiante debe cultivar para poder llevarse bien con sus condiscípulos. Indique cuales de esas mismas características son muy necesarias para el ministro del evangelio.

D. ¿Qué significa la palabra «ministro»? Prepare un párrafo sobre este punto.

E. Aprenda los nombres de todos los profesores y cómo se escriben. Debe saber algunas de las asignaturas que cada uno da y los cargos que desempeñan en el plantel.

_____F. Reúna algunos datos biográficos del maestro que le ha sido asignado y prepárese para informar en clase sobre el trabajo del mismo en el instituto. (Los estudiantes por correspondencia omitirán E y F)

II. En la clase

A. Informes sobre la vida y el ministerio de distintos maestros. Escribir el nombre y el apellido en el pizarrón.
B. Breve historia del instituto por el profesor o el director.
C. Explicación del sistema de consejeros (si lo hay).
D. Repasar brevemente el autoexamen en el capítulo 4. ¿Qué puntos le han ocasionado más dificultad, o necesitan más atención para su cumplimiento? ¿Se relacionan con la «Regla de Oro»?

III. Adaptación para el curso por correspondencia

_____A. Escriba «sí» o «no», según el caso, al lado de las preguntas del autoexamen en el capítulo 4 de *Hacia la Meta*.
_____B. Basándose sobre las preguntas que ha contestado negativamente (con «no»), haga una lista en su cuaderno bajo el título

«Cosas que voy a aprender a hacer»

Ejemplo: l. Saludar a mis compañeros cortés y cariñosamente, etc.

IV. Actividades opcionales

A. Nombre algunas de las cosas que estorban las buenas relaciones con los compañeros.

B. Prepare una lista de pasajes bíblicos que se puedan aplicar al estudiante en su trato con los compañeros.

C. Celebre una entrevista con dos estudiantes de otros años para ver cómo la vida entre sus compañeros les ha servido de ayuda o de tropiezo. Prepare un informe de la entrevista para la clase.

D. Organícense distintas comisiones para que cada una haga una carta a un graduado, pidiendo le dé a la clase sus consejos acerca de la carrera estudiantil. Se le puede pedir que cuente alguna lección o experiencia recibida en el instituto que le ha servido de ayuda en su labor cristiana.

E. Haga una lista de los alumnos del año a que pertenece Ud. Debe aprender sus nombres y apellidos, de donde vienen, y cualquier otra cosa de interés acerca de ellos.

DÍA #5

EL CRECIMIENTO INTELECTUAL Y MINISTERIAL

I. Antes de la clase

A. Estudie el capítulo 6 en *Hacia la Meta*.

B. Estudie la descripción de los cursos en el prospecto del instituto bíblico (o de la Escuela Bíblica por Correspondencia si el que estudia por correspondencia no tiene disponible un prospecto del instituto bíblico).

_____ C. Pida a los alumnos de otros años que le cuenten algo sobre los campos blancos del instituto. (Los que estudian por correspondencia pueden hablar con el pastor sobre los puntos de predicación de la iglesia. Si no tienen responsabilidad aún en uno de ellos, bríndense para ayudar en lo que puedan.)

_____ D. Continuamente va a estar buscando referencias bíblicas; va a necesitar saber los libros de la Biblia y el orden en el cual aparecen. Si todavía no lo sabe, apréndalos sin más demora. Debe poderlos escribir sin falta ortográfica alguna. Algunos han descubierto que para aprender los libros de la Biblia, es muy útil clasificarlos por grupo: historia, poesía, profecía. Por ejemplo: se aprende la serie 5, 12, 5, 5, 12. Quiere decir que hay cinco libros del Pentateuco, doce históricos, cinco de poesía, cinco de los profetas mayores y doce de los menores.

Practicar hasta poder hacer de memoria los diseños dados en la página siguiente. Cuando tenga la oportunidad, los puede usar para enseñar los libros de la Biblia a una clase en la Escuela Dominical, o a un grupo de jóvenes o al Concilio Misionero Femenil. Todo cristiano debe sabérselos.

Observe que en este diseño la epístola a los Hebreos se ha incluido entre las epístolas de Pablo. Hay mucha diferencia de opinión sobre quién escribiera este libro. Puesto que no hay prueba definida de que haya sido Pablo, algunas personas ponen a Hebreos entre las epístolas generales.

II. En la clase

A. Pasen a la pizarra todos los alumnos que quepan y escriban los nombres de los libros de la Biblia en orden y con su clasificación. Uno escribirá los del Pentateuco; otro, los históricos; etc. Los que no fueron a la pizarra estén listos para corregir el trabajo.

B. Revisen el plan de estudios, observando cómo las distintas asignaturas contribuyen para el crecimiento espiritual, intelectual, social, físico y ministerial del alumno.

C. Informe brevemente sobre el plan de trabajo práctico en la evangelización, los campos que los alumnos atienden, el valor de trabajar para el Señor ahora, poniendo en práctica lo que se va aprendiendo.

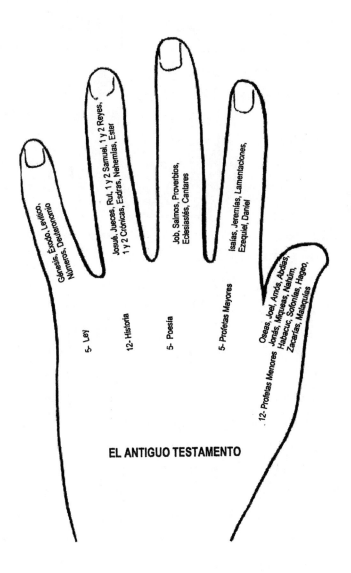

Génesis, Éxodo, Levítico, Números, Deuteronomio

Josué, Jueces, Rut, 1 y 2 Samuel, 1 y 2 Reyes, 1 y 2 Crónicas, Esdras, Nehemías, Ester

Job, Salmos, Proverbios, Eclesiastés, Cantares

Isaías, Jeremías, Lamentaciones, Ezequiel, Daniel

Oseas, Joel, Amós, Abdías, Jonás, Miqueas, Nahúm, Habacuc, Sofonías, Hageo, Zacarías, Malaquías

5- Ley

12- Historia

5- Poesía

5- Profetas Mayores

12- Profetas Menores

EL ANTIGUO TESTAMENTO

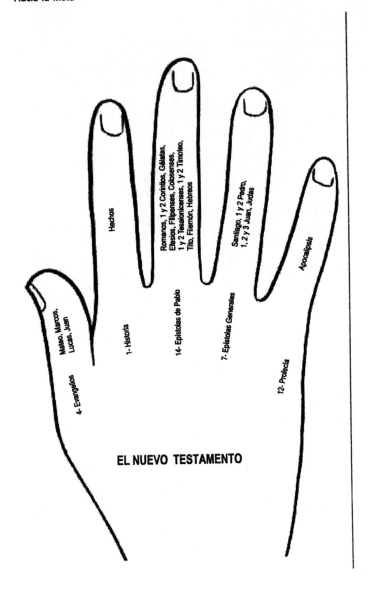

Hechos

Romanos, 1 y 2 Corintios, Gálatas, Efesios, Filipenses, Colosenses, 1 y 2 Tesalonicenses, 1 y 2 Timoteo, Tito, Filemón, Hebreos

Santiago, 1 y 2 Pedro, 1, 2 y 3 Juan, Judas

Mateo, Marcos, Lucas, Juan

Apocalipsis

1.- Historia

14- Epístolas de Pablo

7- Epístolas Generales

4- Evangelios

12- Profecía

EL NUEVO TESTAMENTO

III. Adaptación para el curso por correspondencia

_____A. Converse con su supervisor respecto a las preguntas siguientes:
¿Qué trabajo está realizando para el Señor? ¿Tiene dónde llevar a la práctica lo que va a estudiar sobre la obra del Señor? Ore que Dios le dirija y le abra las puertas para trabajar por él. ¿Se siente llamado a enseñar en la Escuela Dominical? ¿A predicar? ¿A hacer evangelización personal? Todo cristiano tiene el mandato del Señor de ser su testigo.

_____B. Pídale al supervisor o a un compañero de estudio que le cite referencias bíblicas en todas partes de la Biblia para que practique el buscarlas rápidamente.

_____C. Mire de nuevo el prospecto de la Escuela Bíblica por Correspondencia. ¿Cuáles le parecen de utilidad especial para su preparación?

IV. Actividades opcionales

A. Celébrese una competencia en la clase para ver qué bando encuentra primero el mayor número de citas bíblicas dadas por el profesor en la clase.

B. ¿Qué otras asignaturas cree que deben incluirse en el programa de estudio si cuentan con maestros y tiempo suficientes?

DÍA #6

LOS EXÁMENES

I. Antes de la clase

_____ A. Estudie el capítulo 7.

_____ B. Escriba un párrafo en sus propias palabras sobre el valor de los exámenes.

_____ D. Procure solucionar las diferentes pruebas objetivas dadas como muestras en esta lección. (Si el alumno por correspondencia tiene dificultad con el sistema, consulte con su supervisor. Es esencial que lo comprenda para que salga bien en los exámenes.)

_____ E. Describa el método correcto de rendir un examen.

II. En la clase

A. Explique la diferencia entre los exámenes objetivos y los de ensayo, y las ventajas de ambos tipos.

B. Revise las preguntas objetivas. Cada alumno puede corregir su propio papel. Aclárese cualquier pregunta que haya sobre los distintos métodos empleados.

C. Cite los pasos de preparación para un examen.

D. Describa el método correcto de rendir un examen.

E. Converse sobre el valor de las notas y la actitud del alumno al respecto.

III. Adaptación para el curso por correspondencia

Compruebe sus respuestas con las siguientes para ver cómo salió en las muestras de exámenes objetivos.

Verdadero o Falso: 1. Verdad. 2. Falso. 3. Falso. 4. Verdad. 5. Falso.

Buscar la pareja: 1c; 2d; 3a; 4f; 5i; 6b; 7e; 8j; 9g; 10h.
Llenar los espacios en blanco: 1. Egipto. 2. Asenat.
3. cuarenta. 4. hotel. 5. echar los alimentos para las vacas. 6. judío. 7. romano. 8. Judea. 9. publicano (o cobrador de impuestos).
Seleccionar entre varias respuestas: 1c; 2cd; 3e; 4a

DÍA #7

CRECIMIENTO FÍSICO

I. Antes de la clase

A. Estudie los capítulos 8 y 11 en *Hacia la Meta*.

B. Haga en su cuaderno una lista de las tareas que le agradan poco. Escriba varias maneras de sacar provecho de hacerlas.

C. El crecimiento respecto a lo físico incluye el aprender a cuidar del cuerpo como templo del Espíritu Santo y la formación de buenas costumbres para la salud. Los niños dependen de sus padres para decirles lo que deben de hacer, pero el crecimiento de la personalidad incluye la autodisciplina. ¿Cómo le fue en el autoexamen en el capítulo 11? Escriba en su cuaderno una lista de las cosas que debe hacer en cuanto a lo físico para tener buenos resultados en sus estudios.

II. En la clase

A. Escriba en la pizarra la lista de tareas que los alumnos hacen. Converse sobre el sistema de distribución del trabajo, la rotación de tareas, la cooperación, la parte de las tareas en la preparación para el ministerio, el nombramiento de suplente cuando uno se ausenta o se enferma, etc.

B. Converse sobre el cuidado del cuerpo y la salud: la relación entre la salud y el aprendizaje; cosas en el instituto que contribuyen para la salud de los alumnos; cosas que ponen en peligro la salud.

III. Adaptación para el curso por correspondencia

_____A. En la Biblia se nota que Dios llamaba y usaba a personas que eran trabajadoras, no a las perezosas, en su obra. A continuación busque la pareja, la persona con su ocupación.

Persona	Ocupación
_____1. Pablo	a. Médico
_____2. Eliseo	b. Soldado
_____3. Jesucristo	c. Pescador.
_____4.El apóstol Juan	d. Agricultor.
_____5. David	e. Fabricante de tiendas.
_____6. Mateo	f. Carpintero.
_____7. Lucas	g. Pastor de ovejas.
_____8. Josué	h. Cobrador de impuestos.

Si tiene dificultad en esto, consulte con su supervisor.

_____B. ¿Tiene, como Pablo, algún oficio en qué trabajar para costear sus gastos mientras predica en campos nuevos?

IV. Actividades opcionales

A. Escriba un tema breve sobre el valor de hacer los deberes que no le agradan a uno.

B. Haga un cálculo de cuánto costaría pagar a personas de afuera para hacer lo que los estudiantes realizan en sus tareas domésticas.

C. Que algunos de la clase digan cómo su tarea les ha servido de ayuda.

D. En su imaginación proyéctense diez años en el futuro y conversen sobre cómo los trabajos que aprendieron en el instituto les han ayudado en el ministerio.

DÍA #8

LA ORGANIZACIÓN DEL INSTITUTO

I. Antes de la clase

A. Estudie los capítulos 9 y 10 en *Hacia la Meta*.
B. Estudie la constitución del instituto bíblico.
C. Estudie la constitución del Cuerpo Estudiantil (si la hay).
D. Haga una lista de las cosas que un alumno puede hacer para ayudar en el sostén del instituto bíblico y en la economía de sus gastos.

El estudiante por correspondencia hará solamente A y D.

II. En la clase

A. Informe del administrador (o del director) sobre las finanzas del instituto y cómo los alumnos pueden cooperar (veinte minutos).

B. Revisen rápidamente las maneras de ayudar que los alumnos apuntaron.

C. Preguntas y respuestas sobre el gobierno del instituto: sus relaciones con la obra; el gobierno interno; el consejo estudiantil; el propósito, el valor y las limitaciones del gobierno estudiantil.

III. Adaptación para el curso por correspondencia

_____A. Converse con su supervisor sobre las preguntas siguientes:

¿Se levantan en su iglesia ofrendas de dinero o de víveres para el instituto bíblico? ¿Qué opina al respecto?

¿Cree que lo que uno paga por los cursos por correspondencia cubrirá los gastos de preparación de materia, papel, sobres, sellos, el tiempo de la persona que corrige las lecciones, etc.? ¿Tiene alguna sugerencia al respecto?

_____B. Solución al ejercicio de parejas en la lección del día 7: 1e; 2d; 3f; 4c; 5g; 6h; 7a; 8b. Compruebe su trabajo.

IV. Actividades opcionales

A. Estudie la constitución del Cuerpo Estudiantil.
B. Averigüe que problemas y proyectos está estudiando el Consejo actualmente.
C. Averigüe quiénes son los dirigentes actuales del Cuerpo Estudiantil.
D. Prepare una lista de proyectos que el Cuerpo Estudiantil podría emprender en este curso para aumentar e intensificar la visión misionera del estudiante.
E. ¿Qué proyectos se deben empezar para el embellecimiento del plantel?
F. Inviten al presidente del Cuerpo Estudiantil para que dé una conferencia sobre la organización estudiantil.
G. Averigüe quiénes son los miembros del directorio del instituto.

DÍA #9:

PRIMER EXAMEN

I. Antes de la clase

_____ A. Repase todo lo estudiado con atención especial al capítulo 7.

_____ B. Ore que Dios ayude a todos los alumnos en el examen, dándole gracias por el repaso que este les proporciona.

II. En la clase

Después que los alumnos rindan el examen, procúrese repasar inmediatamente las respuestas correctas para evitar que se les graben en la mente las equivocadas. Si no hay tiempo para hacerlo en clase, puede colocarse en la puerta del aula un examen con las respuestas correctas para que los alumnos lo consulten después de haber entregado sus papeles.

III. Adaptación para el curso por correspondencia

_____ A. Revise cuidadosamente su registro de cumplimiento de las tareas. Si ya hice todas, y así lo indica en la planilla, lleve el registro consigo al supervisor para que lo envíe al maestro juntamente con el examen.

_____ B. Su supervisor tiene el examen que tiene que rendir. Arregle una entrevista con él para darlo en su presencia. Cuando lo termine, él lo echará en el correo.

DÍA #10

CÓMO ESTUDIAR CON ÉXITO

I. Antes de la clase

A. Estudie el capítulo 11.

B. Nombre algunas de las maneras por las cuales uno puede interesarse en un tema.

C. ¿Por qué es importante tener interés en lo que se está estudiando?

D. ¿Cuál será el resultado del estudio si uno piensa que no va a aprender nada?

E. Explique cómo el estado de la salud puede afectar los estudios.

F. A los que trabajan de día y asisten al instituto bíblico nocturno, les es sumamente difícil hallar el tiempo necesario para el estudio. Tengan cuidado de no quebrantarse la salud por falta de sueño y exceso de trabajo. Aprendan a aprovechar los ratos mientras esperan el transporte, o cuando están en camino, para estudiar. Mientras hagan un trabajo mecánicamente, vayan repasando mentalmente la lección.

II. En la clase

A. Conversen sobre la relación entre la salud y los estudios.

B. Divídase la clase en dos bandos y pasen a la pizarra para una competencia ¿cuál grupo puede hacer la mejor lista de cosas que contribuyen para el buen aprendizaje?

C. Con el tomo correspondiente del diccionario enciclopédico, o con un atlas mundial, o almanaque mundial, el maestro puede demostrar la manera de buscar los datos deseados. Así tendrán mejor orientación para hacer las tareas de la lección siguiente.

III. Adaptación para el curso por correspondencia

_____A. Lea de nuevo el capítulo 11 buscando en cada párrafo la frase u oración más importante. Trace una línea debajo de esta frase clave en cada párrafo. Para ver cómo hacerlo fíjese en cómo se ha hecho en el capítulo 7. Subrayando así el pensamiento principal en cada párrafo, tendrá muy a la vista todos los puntos principales de la lección. Esto le servirá de ayuda cuando haga un repaso del capítulo.

_____B. Muchas veces el primer párrafo y el último de un capítulo le dan un resumen de su contenido. Lea el primer párrafo y el último del capítulo 11.

_____C. En su cuaderno escriba el título: «Maneras propuestas para mejorar mis costumbres de estudio.» Luego haga una lista de las maneras en que realmente se propone mejorar sus costumbres de estudio.

IV. Actividades opcionales

A. Entre varios miembros de la clase prepáren una representación de «Cómo fracasar en el estudio», para presentarla en la clase.

B. Invíte a una enfermera a la clase para dar una charla sobre la salud.

C. Analíce el valor práctico de las asignaturas que la clase está dando actualmente.

D. ¿Puede pensar en algunas maneras para mejorar el ambiente para el estudio en el instituto?

DÍA # 11

BIBLIOTECA Y LIBROS DE CONSULTA

I. Antes de la clase

A. Estudiar el capítulo 12, subrayando los puntos principales en cada párrafo.

B. El trabajo de investigación en los diccionarios, concordancia, etc. requiere familiaridad con el orden alfabético. Por si se le ha olvidado a alguno el orden, aquí está: a, b, c, d, e, f, g, h, i, j, k, l, m, n, ñ, o, p, q, r, s, t, u, v, w, x, y, z. Escriba de memoria el alfabeto luego compruebe su trabajo.

C. Arregle las siguientes palabras en orden alfabético. Si no sabe el significado de algunas, búsquelo en el diccionario y apréndalo para así enriquecer su vocabulario.

1. infundir	5. aversión	9. alegórico
2. flexible	6. ungüento	10. pedagogía
3. apelar	7. altruista	11. biografía
4. resumen	8. realce	

D. Busque en el diccionario bíblico el significado de los siguientes nombres:

1. Ester	6. Jesús
2. Pedro	7. Habacuc
3. Jehová	8. Nahum
4. Cristo	9. Lot
5. Mesías	10. Moisés

_____E. ¿Cuántas «Marías» hay en la Biblia? ¿Quiénes son?

_____F. Dé las citas de los siguientes pasajes bíblicos (buscándolas en una concordancia).

a. Levántate y ve a casa del alfarero _____

_____

b. Auméntanos la fe _____

c. Pedid a Jehová lluvia en la sazón tardía_____

_____

d. ¿Quién sabe si para esta hora te han hecho llegar al reino? _____

_____G. Por medio de las referencias del margen de la Biblia, procure encontrar a qué cosa se refieren las palabras «el Profeta» de Juan 1:21. ¿Qué idea tenían los judíos en la mente cuando hablaban de él?

II. En la clase

A. Celébrese la clase en la biblioteca hoy, si es posible. El bibliotecario puede dar una explicación del ordenamiento de los libros, cómo hallar y usar los libros de consulta, cómo sacar otra clase de libros, etc. Si el bibliotecario no puede estar para esta hora, haga el arreglo para que les dé esta orientación en un período de estudio.

B. Revisen rápidamente el trabajo que han hecho en el arreglo de las palabras en orden alfabético. Si hay algunos que han tenido dificultad en las tareas para hoy, el maestro hará el arreglo para darles una ayuda especial en la hora de estudio. Por el momento, ponga un alumno que hizo bien el trabajo con cada uno que tuvo dificultad para ayudarle personalmente por unos cinco minutos para que vaya dándose una idea.

C. Revisen las respuestas a las tareas del trabajo en el diccionario bíblico. Si varios tuvieron dificultad, explique el sistema y cítelos para la clase especial en el período de estudio. Es importantísimo que aprendan el manejo del diccionario y puede costarles varias sesiones especiales.

D. Revisen el inciso F (el trabajo en la concordancia).

E. Si queda tiempo todavía, revisen G (el trabajo de referencias marginales en la Biblia).

III. Adaptación para el curso por correspondencia

_____ A. Si ya ha hecho los trabajos de sección I, puede comprobar el orden de las palabras en «C» con el orden siguiente: alegórico, altruista, apelar, aversión, biografía, flexible, infundir, pedagogía, realce, resumen, ungüento. ¿Las tenía en su orden correcto?

_____ B. Ahora busque en el diccionario el significado de cada una de la lista de palabras y escríbalo en forma breve en su cuaderno. Si tiene dificultad en hallarlas en el diccionario, lea de nuevo las instrucciones para el uso del diccionario. Si todavía tiene dificultad, pida ayuda a su supervisor o a una persona que está acostumbrada al uso del diccionario. No tenga pena o vergüenza de pedir esta ayuda o de manifestar que no sabe. El esfuerzo para aumentar sus conocimientos merece respeto y no desprecio.

_____ C. ¿Hay biblioteca municipal en el pueblo donde Ud. vive? Si la hay, visítela. Si es un poco tímido es probable que querrá que un hermano de la iglesia u otra persona le acompañe.

Hable con el bibliotecario sobre las condiciones para usar la biblioteca, cómo usar los ficheros para buscar el libro que uno desea, dónde se hallan los libros de consulta como diccionarios, enciclopedias, etc. No se acobarde de preguntar y de hacer uso de la biblioteca cuando pueda. Ella existe para el bien del pueblo. Los bibliotecarios se alegran de que el público haga uso de la biblioteca.

_____ D. ¿Tienen una biblioteca en su iglesia? Si no, empiece a orar desde ahora que el Señor les ayude a formar una. ¿Tiene algunas ideas sobre cómo se podría empezar una? Hable con su supervisor al respecto.

IV. Actividades opcionales

A. Busque la siguiente información en el Almanaque Mundial:
1. Las religiones de Pakistán.
2. La capital de Birmania.
3. El número de habitantes de Venezuela.
4. El número de habitantes de Argentina.
5. Los ríos de Paraguay.

B. Localice en un atlas mundial el país de Liberia.
1. ¿Cuáles son los países colindantes de Liberia?
2. ¿Tiene puertos de mar? ¿Cuáles son?
3. ¿En qué continente está? ¿En qué mar?

C. Cuando la viuda echó dos blancas en la ofrenda, en Lucas 21:2, ¿cuánto dinero dio? Búsquese en el diccionario bíblico bajo la palabra «medida».

D. El siervo de Mateo 18:23 y 24 debía a su señor diez mil talentos. ¿Cuánto sería en dinero nuestro? (Una libra esterlina vale aproximadamente dos dólares.) ¿Cuánto debía el siervo a su compañero en dinero nuestro? Estos valores deben buscarse bajo la palabra «medida».

DÍA #12

LA LECTURA: CÓMO MEJORARLA

I. Antes de la clase

A. Necesita ahora la ayuda de un compañero con un reloj que marca los segundos, para que le indique el momento de empezar y el momento de terminar la prueba siguiente de su velocidad en la lectura. Ahora busque el capítulo 12 en *Hacia la Meta* y pruebe la velocidad normal de su lectura en un material que le sea familiar. Cuando el compañero con el reloj dice que empiece, lea en silencio a su velocidad normal por un minuto. Al terminar el minuto le dirá que pare. Ahora cuente el número de palabras que leyó e indíquelo aquí, en el renglón número 1.

Primera prueba de lectura: Paso normal

1. Material conocido: _____ palabras por minuto.
2. Material nuevo: _____ palabras por minuto.
   Fecha: _____

B. Ahora pase al capítulo 13 para hacer una prueba en material nuevo. Ponga el resultado arriba en el lugar correspondiente. Pase por alto las preguntas al principio del capítulo y haga la prueba de lectura empezando con el párrafo que las sigue. Probablemente el número de palabras por minuto será mucho menos que el de la prueba en material ya conocido. No trate de acelerar el paso, ni trate de estudiar la lectura en esta prueba. Es sencillamente para descubrir la velocidad normal ahora. Así podrá medir su progreso después de algunos días.

_____ C. Estudie cuidadosamente el capítulo 13, contestando sí o no a las preguntas y subrayando la sugerencias que encuentre para mejorar su lectura.

_____ D. Vuelva a hacer una prueba de velocidad, procurando seguir las instrucciones dadas en el capítulo 13 para la lectura rápida. Haga la primera prueba, sobre material conocido, en el capítulo 12 de *Hacia la Meta* pero no sobre la misma porción que leyó en la primera prueba. Cuente las palabras que pudo leer en un minuto y escriba el número abajo en el lugar correspondiente.

Segunda prueba de lectura: Paso acelerado
1. Material conocido: _____ palabras por minuto.
2. Material nuevo: _____ palabras por minuto.

_____ E. Haga una nueva prueba de velocidad en material nuevo. Para esto empiece con el primer párrafo del capítulo 14. Escriba el resultado en el espacio correspondiente arriba. Compare los resultados de la segunda prueba con los de la primera y llene los espacios siguientes.

Aumento de velocidad entre la primera
y la segunda prueba
1. Material conocido: _____ palabras más por minuto.
2. Material nuevo: _____ palabras más por minuto.

_____ F. Dé una ojeada rápida al capítulo 13, leyendo solamente las partes subrayadas. Ahora sin mirar el texto escriba una lista de sugerencias para mejorar la velocidad y la comprensión en la lectura.

_____ G. Es bueno practicar la lectura rápida en el material conocido porque la mente capta enseguida el significado de las frases mientras la vista va acostumbrándose a esta forma de lectura. Por lo tanto apunte el tiempo exacto cuando va a empezar la lectura del capítulo 13, empiécela en el momento señalado y lea el capítulo entero a toda velocidad. Anote la hora cuando terminó. ¿Cuántos minutos ocupó? Después de algunos días volverá a hacer esta prueba para ver cuánto progresó.

Minutos para leer el capítulo 13: _____

Fecha: _____

II. En la clase

A. El maestro seleccionará una parte del texto ya estudiado para dar una prueba de lectura a la clase entera. Los alumnos apuntarán su velocidad. Dará una segunda prueba sobre material nuevo. Dará una tercera prueba sobre otra clase de lectura, sea de una revista, de un periódico, o de la Biblia. Debe ser material sencillamente narrativo en vez de material para estudiar.

B. El alumno debe entregar al maestro un papelito con su nombre y los siguientes datos: La velocidad normal de la primera prueba en material conocido y material nuevo. La velocidad en las tres pruebas hechas en clase.

C. El maestro probablemente hará una cita especial para ayudar en la lectura a los que estime que lo necesitan.

D. Entre todos ayuden al profesor a poner en la pizarra un bosquejo del capítulo 14 de la manera siguiente. Para cada párrafo escriba un título breve algo así:

Mejorar la lectura

I. Autoexamen sobre fases de lectura
   A. velocidad según profundidad
   B. frases en vez de palabras
   C. no demorar entre líneas, etc., etc.
II. Explicación de distintas fases
   A. posibilidad de mejorar
   B. mucha lectura del ministro
   C. velocidad normal de cuarto y sexto grado, etc., etc.

III. Adaptación para el curso por correspondencia

_____A. Con la ayuda de un compañero, haga una prueba de velocidad de lectura en una revista o un periódico.

_____B. Haga en su cuaderno el trabajo indicado para la clase en D de sección II, la lista de títulos para cada párrafo del capítulo 13 de *Hacia la Meta*. Después llévelo a su supervisor para ver si lo ha hecho bien.

IV. Actividades opcionales

A. Divídanse en grupos de dos en dos, en la clase, para contar las paradas que cada uno hace en cada renglón.
B. Haga una lista de los libros que leyó el año pasado. ¿Cree que un ministro debe leer más o menos lo que usted ha leído en este año?
C. Haga una lista de los libros que piensa leer en el año entrante.

DÍA #13

ESTUDIO DE UNA LECCIÓN

I. Antes de la clase

____ A. Repase las preguntas del principio del capítulo 13 para aplicar las que pueda al estudio del capítulo 14.

____ B. Aplique ahora las preguntas 6 y 7. ¿Qué provecho espera sacar de esta lección? Lea la primera oración de cada párrafo para tener una idea de lo que se trata.

____ C. Ahora haga un ejercicio de lectura, leyendo a toda velocidad el capítulo entero. Aun cuando no entienda todo por la rapidez con que va, no vuelva la vista atrás, la está entrenando en nuevos métodos. Al mismo tiempo está preparando la mente, dándole una idea general de lo que va a estudiar.

____ D. Lea el capítulo cuidadosamente ahora.

____ E. Escriba en su cuaderno un título para cada párrafo.

____ F. Escriba en su cuaderno las palabras en este capítulo que le son desconocidas o poco familiares. Búsquelas en el diccionario y escriba en el cuaderno, en forma breve, su significado.

II. En la clase

A. Pasen a la pizarra y escriban de memoria los cuatro pasos principales para la preparación de una lección. Pueden escribirlos con sus propias palabras.

B. Revisen los títulos que dieron a los párrafos de esta lección.

C. Cada alumno escribirá en la pizarra la palabras que buscó en el diccionario. Este ejercicio le ayudará en la ortografía de las palabras nuevas, además de grabarlas en la memoria.

D. Si queda tiempo, el maestro puede hacer una prueba de la velocidad de la lectura sobre el mismo capítulo 14. Apunten el número de palabras que leyeron en un minuto. ¿Va aumentando?

III. Adaptación para el curso por correspondencia

_____A. Haga en su cuaderno A de sección II.

_____B. Lea el capítulo 13, apuntando en su cuaderno las palabras que le son nuevas. Busque su significado en el diccionario. Si tiene dificultad, vuelva al capítulo que trata sobre el uso del diccionario y lea de nuevo las instrucciones. Si todavía tiene dificultad, pida la ayuda de su supervisor. Siga con ejercicios en el diccionario hasta que comprenda bien el sistema y lo pueda usar con facilidad.

IV. Actividades opcionales

A. ¿Cómo refleja la apariencia de un trabajo o tarea el carácter del individuo que lo hizo?

B. Celebrar una mesa redonda sobre el tema: «Se debe hacer una regla que se descuenten diez puntos a la nota por una tarea que se entregue atrasada.»

C. Escribir un párrafo sobre el valor de superarse siempre en el trabajo de uno mismo.

DÍA #14

PARTICIPACIÓN EN LA CLASE: APUNTES

I. Antes de la clase

A. En la preparación del capítulo 15 siga los cuatro pasos estudiados ayer.

B. Escriba en su cuaderno un título para cada párrafo de esta lección. Así está tomando apuntes de lo que lee. Este ejercicio es para reconocer los puntos principales en la lectura. El tomar apuntes de lo que uno dice es cosa parecida.

C. Si tiene oportunidad antes de la próxima clase en esta materia, tome apuntes en otra clase.(Para los que estudian por correspondencia, puede ser en la Escuela Dominical, o apuntes de los pensamientos principales de un sermón que oyen, de un discurso por radio o de una conversación entre otras personas.)

D. Escriba en su cuaderno cualquier palabra nueva para usted en este capítulo y busque el significado en el diccionario.

II. En la clase

A. Si es numerosa la clase, cambien el orden en que están sentados para que todos los que son tímidos para hablar en la clase se sienten en los primeros asientos y hacia el centro. Los que participan siempre en la discusión siéntense hacia atrás. Seguirán hablando sin acobardarse y a los tímidos se les dará más oportunidad y más atención.

B. Mientras el profesor hable sobre la participación del alumno en la clase, los alumnos tomarán apuntes. El profesor no debe hablar muy rápido pero tampoco muy despacio. Hable por unos cinco minutos sobre este tema. Luego pedirá a los alumnos que lean sus apuntes. De sus apuntes traten de reconstruir los puntos principales de lo que el maestro dijo.

C. Repita el ejercicio anterior con el tema que el maestro desee. Esta vez otros alumnos leerán sus apuntes y reconstruirán lo principal de la plática.

D. Si alcanza el tiempo pida que un alumno dé un testimonio de liberación de un peligro o de una respuesta a la oración. Todos los demás, inclusive el maestro, tomen apuntes. Después revisarán el trabajo como en los ejercicios anteriores.

III. Adaptación para el curso por correspondencia

_____A. Pida que un compañero le ayude. Haga lo indicado para la clase, tomando el compañero el lugar del profesor y platicando sobre el tema que quiera.

_____B. Haga un ejercicio de velocidad de lectura leyendo a toda velocidad el capítulo 13. Compárela con el tiempo que le llevó la primera vez (vea día 11). Apunte allí su nuevo tiempo.

IV. Actividades opcionales

A. ¿Por qué uno debe escudriñar su corazón para ver cuál es el estado de ánimo en que se encuentra cuando asiste a las clases?

B. ¿Qué provecho tiene preparar la mente antes de que la clase empiece?

C. ¿Por qué debe un estudiante diligente tomar apuntes en el aula? Dense tres razones.

D. Analice en la clase con el profesor y demás alumnos los apuntes que los alumnos han tomado en una clase de otra asignatura. Probablemente el profesor indicará cuál clase se presta más para eso. El análisis debe incluir las siguientes preguntas:
1. ¿Los propósitos de tomar notas se realizaron en este caso?
2. ¿Se observaron las sugerencias para tomar apuntes?
3. ¿Son breves? ¿Se escogió lo más importante? ¿Se han usado abreviaturas y símbolos donde cabían?

E. Tomar notas de un mensaje para el análisis de la clase, o para entregar al profesor.

F. Preparar una representación titulada: «Cómo ayudar al diablo a robar el tiempo que se pasa en la clase.»

DÍA #15

USO DE BOSQUEJOS

I. Antes de la clase

A. Haga un ejercicio de velocidad de lectura, leyendo el capítulo 16 a toda velocidad, sin volver atrás para leer de nuevo lo que no comprendió.

B. Ahora cumpla los cuatro pasos recomendados para el estudio de una lección, aplicándolos al capítulo 16.

C. Fíjese bien en el bosquejo de este curso en «Orientación» dado en la guía para el primer día.

25

¿Cuáles son los puntos principales? Note le relación de las subdivisiones a la división principal. ¿Le hacen recordar la materia estudiada?

_____D. A continuación hay un bosquejo con un punto que no le corresponde: quítelo.

La fe

I. Lo que es la fe
II. Lo que la fe puede hacer
   A. Mover montañas
   B. Agradar a Dios
   C. Dios es Espíritu
III. Cómo conseguir la fe

_____E. Sin mirar el bosquejo del libro ponga en orden los títulos siguientes para formar un bosquejo.

Las finanzas
Tareas domésticas
Crecimiento en lo físico
La salud
Objetivos y cómo alcanzarlos
Orientación
Gobierno del instituto
Idea general de la asignatura
Crecimiento social
Cómo estudiar con éxito
Uso de bosquejos
Apuntes
Administración del instituto
Crecimiento espiritual

II. En la clase

A. Revisen el trabajo de D y E en sección I para ver si lo hicieron bien.

B. Trabajando juntos todos pongan en la pizarra un bosquejo del Salmo 23.

C. Contesten las preguntas siguientes:

1. ¿Qué cosa es un bosquejo?

2. ¿En qué maneras puede servir de ayuda un bosquejo a un estudiante?

3. ¿Cuál es la primera cosa que se hace en la confección de un bosquejo original?

4. ¿Cómo se debe proceder para hacer un bosquejo de lo que otro ha escrito o hablado?

5. ¿Cómo se hacen los incisos de las subdivisiones? ¿En qué se parecen los incisos a las subdivisiones?

6. ¿Cómo se numeran los incisos y las subsiguientes divisiones?

7. ¿Por qué es ilógico tener una sola subdivisión o inciso?

D. A continuación se da una lista de temas sobre la idea general del Brasil. Sin cambiar la redacción de los temas, acomódenlos en forma de un bosquejo lógico. Háganlo en la pizarra.

Las montañas del Brasil.

La geografía del Brasil.

La religión del Brasil.

Los ríos más importantes del Brasil.

Las casas de los brasileños.

Brasil.

Los evangélicos en el Brasil.

Los católicos en el Brasil.

Los incrédulos en el Brasil.

Las costumbres brasileñas.

Los habitantes del Brasil.

E. Dar oportunidad para preguntas sobre algo que no comprenden de las lecciones pasadas en preparación para el examen. Este será sobre la última parte mayormente, lo que se ha estudiado después del otro examen.

III. Adaptación para el curso por correspondencia

_____A. En la sección ID para hoy, debe haber quitado del bosquejo sobre La Fe la subdivisión IIC. Dios es Espíritu. ¿Acertó? Ahora compare el bosquejo que hizo en sección I, tarea E, con el que se da en el libro al principio de esta Guía para el Estudio.

_____B. Conteste las preguntas para la clase en IIC. Haga un bosquejo sobre Brasil según lo indicado en IID. Muéstrelo a su supervisor para ver si está bien.

_____C. A continuación se da el principio de un bosquejo formado de apuntes sobre este capítulo. Se ha tomado lo más importante en cada párrafo para hacer los puntos. Compare lo escrito en el capítulo párrafo por párrafo con lo entresacado para formar el bosquejo hasta dónde este llega. Termine el bosquejo para el resto del capítulo. Esto es para enviar a su maestro en la Escuela Bíblica por Correspondencia. Si no entiende bien cómo hay que hacerlo, pida al supervisor que le de una explicación y le ayude en no más de cuatro de los párrafos nuevos. Esta tarea se enviará juntamente con el examen.

PRINCIPIO DE BOSQUEJO SOBRE ESTE CAPÍTULO

CÓMO HACER UN BOSQUEJO

I. ¿Qué es un bosquejo?
   A. Algo que abunda en el instituto bíblico.
   B. Parecido al esqueleto del cuerpo humano.

C. Parecido al plano para la construcción.
D. Lo que traza los rasgos de una composición escrita u oral.

II. ¿Para qué sirve el bosquejo?

A. Da una idea de lo que se trata en la composición.
B. Ayuda a organizar y desarrollar una serie de pensamientos sobre un tema principal.
C. Facilita la manera de aprender de memoria una serie de asuntos.
D. Indica lo que es más importante de un tema.

III. Los pasos que se dan para hacer un bosquejo

A. Elaboración de un bosquejo original
  1. División del tema en puntos principales
    a. Deben ser subtemas de la idea principal
    b. Manera sugerida para hallarlos:
      (1) Escribir ideas respecto al tema
      (2) Buscar categorías generales de las ideas
        (a) Estas categorías serán los puntos principales
        (b) Deben ser más o menos de la misma importancia
  2. Revisión de los puntos principales
    a. Evítese la repetición de la misma cosa en otras palabras
    b. Todos de la misma importancia, subordinas solamente al tema central
    c. Número variable
    d. Colocación y enumeración de los puntos principales

IV. Actividades opcionales

A. Preparar una lista de temas, haciendo uno por cada párrafo de un capítulo de un libro o artículo que indicará el profesor.

B. Preparar un bosquejo del mismo capítulo de que preparó la lista de temas.

C. Preparar un bosquejo de uno de los siguientes capítulos de la Biblia:

1. 1 Corintios 13
2. Hebreos 11
3. Isaías 40
4. Juan 17
5. Hechos 2
6. Mateo 1
7. Marcos 1

D. Preparar un bosquejo de dos de los siguientes temas centrales. Se entregarán al profesor y este, si así desea, puede presentar a la clase algunos ejemplos de bosquejos bien hechos y otros ejemplos de bosquejos con faltas, para ver si la clase puede reconocer las faltas.

1. La vida de Jesucristo.
2. La vida de Pedro, el apóstol.
3. El trabajo de un pastor.
4. El arrepentimiento.
5. Las dudas.

DÍA #16

EXAMEN Y REPASO DE OBJETIVOS

I. Antes de la clase

_____ A. Lea de nuevo las instrucciones en el capítulo 7 sobre cómo prepararse para un examen. Luego repase lo estudiado.

_____ B. Haga una última prueba de velocidad de lectura para entregar con el examen un informe sobre su progreso. Haga la prueba sobre el material conocido y al paso que le es cómodo, no a toda velocidad. Escriba en un papelito su nombre y apellido, la velocidad por minuto a su paso normal en la primera prueba, la velocidad a su paso normal ahora, y la velocidad cuando lee lo más rápido posible.

_____ C. Repase los objetivos para el curso. ¿Cuáles ha logrado? Quizás ha sido muy corto el tiempo para poder decir: «He logrado esto», con respecto a algunos. ¿En cuáles, pues, puede decir que ha tenido un progreso notable? Escriba unos párrafos al respecto para entregar juntamente con el examen. Dé gracias a Dios por lo logrado.

II. En la clase

A. Entreguen lo escrito sobre el logro de los objetivos y su apunte de la velocidad de lectura que han alcanzado.

B. Rendir el examen.

C. Si alcanza el tiempo, revísense rápidamente las respuestas correctas con la clase.

D. Si alcanza el tiempo, revisen los objetivos con testimonios del progreso logrado.

III. Adaptación para el curso por correspondencia

A. Lleve consigo al examen su registro de cumplimiento de tareas para enviarlo juntamente con el examen, también lo escrito sobre los objetivos y sus apuntes sobre la velocidad en la lectura.

B. Rinda el examen en presencia del supervisor, tal como lo hizo en la primera ocasión.

Ha terminado ya el primer curso en el programa de estudios del instituto bíblico. Esperamos que le sirva de mucho provecho y que el Señor le bendiga en la continuación de sus estudios. Pida ahora la próxima asignatura del plan de estudios.

Nos agradaría recibir noticias suyas.
Por favor, envíe sus comentarios sobre este libro
a la dirección que aparece a continuación.
Muchas gracias.

Editorial Vida
7500 NW 25 Street, Suite 239
Miami, Florida 33122

Vidapub.sales@zondervan.com
http://www.editorialvida.com